I0567638

DISCLAIMER

The author and publisher are providing this book and its contents on an "as is" basis and make no representations or warranties of any kind with respect to this book or its contents. The author and publisher disclaim all such representations and warranties, including but not limited to warranties of merchantability. In addition, the author and publisher do not represent or warrant that the information accessible via this book is accurate, complete, or current.

Except as specifically stated in this book, neither the author nor publisher, nor any authors, contributors, or other representatives will be liable for damages arising out of or in connection with the use of this book. This is a comprehensive limitation of liability that applies to all damages of any kind, including (without limitation) compensatory; direct, indirect, or consequential damages; loss of data, income, or profit; loss of or damage to property; and claims of third parties.

This Book Offers Free Bonus Puzzles
Available Here:

BestActivityBooks.com/WSBONUS20

5 TIPS TO START!

1) HOW TO SOLVE

The Puzzles are in a Classic Format:

- Words are hidden without breaks (no spaces, dashes, ...)
- Orientation: Forward & Backward, Up & Down or in Diagonal (can be in both directions)
- Words can overlap or cross each other

2) LEVEL UP THE GAME!

A space is provided next to each word to write new ones, translations or notes. We also offer a convenient **NOTEBOOK** at the end of this edition. It can help you organize your annotations, new words and/or observations.

3) TAG YOUR WORDS

Have you tried using a tag system? For example, you could mark the words which have been difficult to find with a cross, the ones you loved with a star, new words with a triangle, rare words with a diamond and so on...

4) EASY TO CUT!

The Puzzles come with an Extra Large margin to easily cut the page out of the book. Some people may feel it more convenient to solve them this way.

5) FINISHED?

Go to the bonus section: **MONSTER CHALLENGE** to find a free game offered at the end of this edition!

Want **more fun** and activities to **relax? It's Fast and Simple!** An entire Game Book Collection **just one click away!**

Find your next challenge at:

BestActivityBooks.com/MyNextWordSearch

Ready, Set... Go!

Did you know there are around 7,000 different languages in the world? Words are precious.

We love languages and have been working hard to make the highest quality books for you. Our ingredients?

One part easy-to-read print, three parts entertainment, then we add some challenging words and a pinch of rare ones. We brew them with care to serve you lots of fun and an opportunity to solve the best puzzles.

Your feedback is essential. You can be an active participant in the success of this book by leaving us a review. Tell us what you liked most in this edition!

Here is a short link which will take you to your Amazon orders review page.

BestBooksActivity.com/Review50

Thanks for your fidelity and enjoy the Game!

Delta Classics Team

Puzzle 1

权 光 趣 约 村 乃 鳍 约 部 娱 树 安 野 兔 蠕
桥 准 则 出 桥 能 欲 子 虎 人 复 奶 议 ！ 延
察 噪 口 约 遇 真 保 来 到 滑 遇 奶 升 不 不
循 项 情 摇 复 人 决 携 滑 很 。 增 来 绍 的
提 大 貌 虑 粗 然 研 碰 号 底 少 宜 谢 欲 父
年 示 量 特 鲁 捕 获 虫 书 豆 能 动 谢 升 观
碎 底 遇 特 秀 有 伏 伊 机 蠕 充 坠 水 香 书
保 赂 肥 苦 祖 地 士 诺 望 热 最 复 马 自 恐
耗 材 坠 修 欲 衫 碰 事 龄 毁 己 情 优 撞 惊
标 记 ！ 的 趣 落 底 马 电 ＞ 光 延 力 直 量
马 日 保 醋 碎 倍 图 蔻 运 荣 驴 情 老 行
柔 滑 便 许 袋 得 高 于 票 图 地 凑 根 条 秘
顶 的 产 品 的 望 失 娱 露 保 重 本 租 栅 便
级 面 落 发 乃 苦 自 ＞ 蛾 镜 持 绍 虑 柵 便

柔滑   力量
高于   粗鲁
标记   失望的
奶奶   来到
准则   地图
大量   耗材
光荣地   很少
谢谢   顶级
捕获   野兔
提示   产品的

Puzzle 2

书	绍	汽	中	运	梁	还	之	肥	子	车	丁	结	束	諾
柜	恐	车	央	蔻	邀	升	有	部	过	类	运	视	老	发
水	惧	旅	能	貓	礼	选	摇	号	口	骄	父	条	怖	高
獭	类	馆	保	肉	释	自	填	成	平	村	眉	也	最	保
木	热	下	趣	循	选	桌	恐	为	有	理	要	号	情	摇
电	运	支	选	底	虎	伊	己	过	面	延	好	吧	闲	醒
紧	因	香	持	选	子	新	光	特	亲	桥	平	复	考	灵
能	此	亮	赂	况	梳	鲜	幸	蔻	举	定	稳	焕	落	类
复	撞	。	查	惊	降	热	定	口	惨	觉	请	不	公	肢
事	栗	目	后	肢	护	信	幸	来	存	秀	自	解	票	鸡
本	觉	前	分	亲	直	的	数	风	损	乐	对	几	栅
心	镜	远	宗	重	黎	坠	视	察	视	安	马	比	乎	查
纯	粹	的	教	衫	明	情	落	遥	桥	肉	信	度	放	松
部	号	行	木	伊	中	日	马	后	肉	根	察	心	滑	欲

恐惧
汽车旅馆
纯粹的
好吧
成为
公鸡
宗教
水獭
黎明
支持

放松
对比度
目前
结束
中央
还有
书柜
风格
新鲜
因此

Puzzle 3

状	摇	采	谨	慎	珍	人	排	恐	剪	看	不	的	部	娱
书	情	草	访	香	贵	自	疲	本	辑	车	任	快	饭
木	亲	充	特	亮	观	树	直	过	疲	转	何	介	木
动	去	除	蜜	来	的	考	余	解	凑	义	数	也	决
生	栏	基	蜂	桌	幸	亲	撞	噪	中	子	余	人
瑞	答	情	栅	坠	赦	蔻	生	人	维	事	虎	先
便	豆	貌	他	摇	免	恢	桌	参	思	始	焕	安
栏	马	租	丁	动	食	用	蠕	奢	与	者	热	煲
正	确	的	的	滑	不	老	他	桌	华	有	封	请	热
人	不	胶	情	撞	雪	父	得	里	保	毁	社	面	稳	间
许	摇	状	建	的	后	磨	本	虑	延	长	期	礼	衬	马
运	马	闲	循	量	眼	则	考	皂	的	修	生	运	平	视
自	解	通	雪	秘	宜	日	了	欲	几	乐	衬	书	复
野	研	光	碰	加	摇	复	草	桥	衬	他	眉	马	部	自	后

思维　　　　　　　剪辑
奢华　　　　　　　珍贵
正确的　　　　　　转义
采访　　　　　　　去除
草坪　　　　　　　封面
谨慎　　　　　　　滑动
始终　　　　　　　的任何
参与者　　　　　　蜜蜂
赦免　　　　　　　的滑雪
长期　　　　　　　食用

Puzzle 4

全	紧	龄	桥	蔻	填	先	栅	行	亮	有	发	护	貓	芯
光	球	露	有	试	木	充	安	幸	书	飞	解	秀	芯	片
人	落	机	后	自	近	安	旋	诺	可	遇	紧	面	丁	况
眼	子	皂	子	！	安	玻	摇	记	可	升	的	栏	直	虎
草	镜	人	像	乐	动	璃	远	租	眼	肉	点	顶	思	解
放	在	惨	己	远	破	永	股	自	惊	重	不	思	考	他
草	不	遥	部	诺	修	排	虫	蛙	眼	称	迟	的	虫	研
类	邀	窗	草	秀	梳	马	疲	程	貌	特	而	饭	虫	木
滑	视	帘	自	休	区	口	焕	镜	平	疲	约	能	虫	源
保	镜	有	究	自	人	先	香	树	特	解	蔻	研	虫	面
上	行	远	排	特	信	伊	于	心	他	机	煲	书	能	包
邀	向	前	项	来	驱	满	海	滩	本	天	书	情	量	于
虫	惫	平	信	信	几	水	意	乃	礼	马	感	马	露	摇
摇	生	之		间	社	已	经	定	高	环	饭	重		

眼镜之间
重点
感情
窗帘
芯片
全球
称重
玻璃
可可

向前
放在
面包
永远
海滩
天
蛙
明天
虫满
意
人
像
经
已

Puzzle 5

摇旋乐的从露豆柔放飞从本约费虑
的手册季注摇栗子蛾况四解用请要
了履行焕循热过高胶虎分解惨况摇
量远眉试毁程部稻灵思之入口有机
摇木貓保傲鹦吸引类一迟闲息况中
近不快肉野鹉基类力真磨衫图议于
桥男迟自草灵后类破醋栗理出了
保性延理肥遭木破伏袜直私主
察娱情蔻摇受不毛醋面子最
行虑豆欲请紧毛情部图的私复
小鸭出考瑞情自保龟木私察平
平袋他来了父秀趣里复四察
伏倍焕释剑子乌趣来主
动动近村虑直凑觉研察里了
乎桥地亮复自 > 后休四

四分之一   费用
醋栗   男性
飞蛾   季节
乌龟   履行
入口   小鸭
手册   鹦鹉
击剑   遭受
评注   来了
，请   袜子
毛毛   吸引力

Puzzle 6

雨 察 世 稳 望 里 自 定 子 正 根 飓 释 视 况
差 条 惧 界 鲸 鱼 担 心 电 的 确 风 的 充 社 人
人 错 考 则 保 行 撞 介 行 有 开 学 吧 快 行
灵 机 培 出 透 露 生 恐 息 静 玩 他 ！ 他 坠
观 热 训 本 四 ！ 碎 瑞 烧 毁 笑 ＞ 复 最 稳
近 带 滑 地 眼 研 镜 发 加 惊 光 秀 草 的
了 豆 鳍 骄 毁 解 惊 光 。 复 外 观 频 繁 香
平 灵 出 动 鳍 坠 降 则 保 坠 秀 礼 考 许
然 香 伊 绍 特 过 车 了 磨 不 旋 疲 议 损
情 焕 他 士 理 性 伊 豆 上 便 皂 美 护 权
而 介 有 磨 动 蔬 量 木 望 情 转 丽 真 然
子 娱 醒 下 雨 菜 来 人 平 素 本 的 仍 草
子 参 瑞 透 地 复 泽 村 雪 高 的 瑞 疲
驴 乐 与 木 浪 费 事 行 鳍 亮 过 旋 行 旋 疲

透露	发光
烧毁	正确
飓风	频繁的
开玩笑	鲸鱼
培训	蔬菜
西部	美丽的
学吧！	浪费
外观	本地
担心	世界
参与	仍然

Puzzle 7

年	镜	士	升	遇	周	三	不	几	差	子	选	车	破	租
静	透	也	灵	骄	远	最	胶	部	肉	机	余	行	静	桥
类	况	威	亮	远	上	号	制	审	判	栏	ç	自	带	紧
数	字	力	飞	镜	便	光	第	进	存	租	的	的	猜	测
典	高	惊	携	蛾	加	袋	邀	十	附	加	放	害	羞	典
桥	肢	泽	条	行	护	木	驴	秋	天	不	自	觉	举
北	极	心	傲	虫	充	租	水	基	四	之	信	滑	野	乐
木	过	飞	蔻	于	的	思	泽	的	亮	电	摇	信	皂
虎	充	发	建	谈	惊	事	的	的	编	乐	带	马	程	来
摇	饭	快	恢	过	循	镜	面	释	眼	号	野	快	复	理
性	高	级	礼	活	野	复	稳	放	里	睛	果	梳	修	>
研	他	查	醋	摇	乐	人	音	丁	程	护	汁	护	幸	亲
自	>	子	近	煲	弟	肢	乐	草	毁	士	中	灵	主	性
机	休	怖	摇	惧	弟	究	来	充	饭	人	之	几	>	灵

释放	谈过
秋天	附加
威力	周三
第十	害羞
高级	数字
的猜测	编号
十进制	的自行车
审判	的眼睛
北极	弟弟
ç放	果汁

Puzzle 8

幸	直	刀	子	转	带	信	村	差	根	高	乃	究	胶	乃
梁	露	加	带	租	的	的	记	发	解	村	复	焕	从	好
摇	类	恢	信	究	恐	看	特	滑	面	木	根	雪	考	研
泽	便	蜡	选	几	父	吧	绍	栗	试	性	坠	情	况	倍
郁	金	香	笔	循	环	光	木	木	骄	己	解	摇	演	便
行	复	有	票	深	梁	骄	排	眉	许	焕	究	镜	不	眉
梳	私	程	望	色	复	恐	号	亲	吓	动	露	的	工	保
远	安	思	日	思	释	恐	醒	甜	得	书	遥	增	不	赂
词	木	介	他	鳄	鱼	有	光	食	携	蠕	有	得	热	作
汇	趣	出	究	余	了	摇	填	泽	察	瑞	然	欲	旋	滑
情	雨	星	期	三	透	充	携	自	草	衫	活	水	德	保
容	碎	不	复	等	已	老	露	快	落	甘	碎	甘	情	面
泽	忍	乐	复	待	知	透	损	复	。	熊	循	！	撞	型
解	介	自	编	辑	的	不	携	乐	间	市	驱	己		自
								驴	先					

循环	的工作
有光泽	鳄鱼
熊市	郁金香
星期三	已知的
刀子	看吧
等待	演不食
词汇	甜色
容忍	深蜡笔
甘德	编辑
吓得	

Puzzle 9

梁	承	舞	自	喜	保	英	语	凑	大	研	面	修	部	直	磨
保	认	蹈	条	由	持	模	型	马	学	乐	伏	高	雨	惊
近	观	滑	情	的	的	解	苦	的	稳	镜	恐	直	貌	远
的	增	情	转	款		雨	条	透	理	栅	股	排	休
选	桌	碎	恢	己	胶	露	私	趣	之	快	了	携	亲
择	的	倍	底	！	貌	的	释	马	牙	损	！	余	皂
保	树	粗	落	经	复	有	理	衡	复	煲	电	肥	试
见	降	心	水	典	典	瑞	貌	信	的	刷	休	安	于
型	能	肥	心	音	虫	领	修	觉	运	运	顶	露	傲
权	梳	项	马	伊	眉	就	情	本	醋	苦	丁	豆	木
不	解	蠕	平	人	伊	伊	给	先	醋	静	高	豆	虑
根	选	行	信	降	书	想	则	看	露	喜	举	中	程
幸	领	约	结	果	提	基	保	不	条	然	记	答	顶
崩	溃	乐	子	迟	交	降	视	有	破	信	情	父
							的	会	的	避	警	察

肥皂
保持
会议
大学
牙刷
模型
警察
舞蹈
自由的
提交

英语
粗心
承认
就崩
的溃
选择
结果
经理
避免
条款

Puzzle 10

能	检	喜	图	面	循	赂	丰	近	快	乐	皂	毁	近	的
伏	测	类	权	恐	里	于	下	富	秀	肉	子	坠	滑	浅
艰	宣	之	的	乐	醋	觉	然	书	究	放	破	数	约	约
约	难	告	雪	其	书	亲	特	文	放	人	余	先	回	
面	近	的	保	他	煲	瑞	祖	凭	飞	数	桥	根	恢	图
高	乐	胶	排	分	运	理	落	眼	谈	到	泼	况	错	光
闲	条	恐	情	便	考	迟	肉	互	能	木	妇	不	乐	器
自	乐	性	便	马	虑	宜	的	动	源	过	决	子	光	惨
。	肉	最	野	袋	情	的	恐	眉	貌	的	镜	带	显	项
持	便	野	倍	野	焕	究	降	素	夫	本	下	显	示	觉
部	填	蠕	的	露	醒	虎	乐	妇	素	降	显	示	自	
子	回	错	填	野	介	远	规	型	面	雨	事	真	水	
眉	量	面	幸	答	增	蛾	差	第	光	量	真	型	觉	
解	摇	篮	复	优	袖	望	倍	错	出	直				

余数
考虑
降雨量
野牛
检测
夫妇
其他
第三
谈到
艰难的

宣告
泼妇
文凭
摇篮
的深浅
文本
显示器
丰富
互动
显示

Puzzle 11

降 煲 情 想 状 部 排 底 噪 心 主 凑 面 理 则
您 安 排 早 灵 主 加 瑞 老 修 而 持 伏 衬 光
量 猴 子 上 里 安 活 年 了 增 升 篮 倍 填 摇
最 肉 稻 口 动 从 然 露 批 远 看 携 球 桌 好
阳 光 灭 喜 静 升 喜 评 之 人 绍 巨 大 心 的
磨 的 书 亡 保 想 解 循 摇 树 便 倍 携 基 用
远 建 有 欲 错 况 落 桥 之 坠 有 数 肥 心 常
衡 存 欲 坠 摇 马 主 坠 日 衬 便 肥 重 菜 保
煲 饭 便 伊 余 惊 先 玉 米 礼 有 数 重 平 乐
他 摇 升 眼 然 肉 存 木 指 存 人 项 摇 树 顾
最 看 而 车 惊 努 性 飞 储 虎 彩 虹 回 马 修
便 恢 连 选 惊 父 情 热 望 中 示 缺 马 本 坠
桥 坠 衣 动 伊 的 许 遥 情 先 例 本 恐 也
保 梁 裙 貌 己 信 部 露 许 面 过 凑 的 恐 也

桥**梁**　　　**篮**球
彩虹　　　批**评**
回**顾**　　　**玉**米
连**衣裙**　　**阳**光
储存　　　早**上**
猴子　　　**巨**大的
您安排　　**稀**缺的
努力　　　**韭菜**
常用的　　**灭**亡
指望　　　**示**例

Puzzle 12

稻	草	人	心	解	梁	栗	虫	得	事	思	电	影	降	要
草	管	理	器	信	趣	基	程	规	伏	摇	研	己	源	的
增	甸	花	了	邀	延	梳	后	草	信	页	损	秩	特	表
男	人	规	则	忏	悔	顶	蛾	本	票	栏	手	源	序	白
存	平	近	鳍	衬	的	便	心	己	察	车	动	礼	镜	领
型	袋	最	从	虫	克	恢	人	的	研	肢	高	中	摇	身
毁	见	虫	型	野	情	复	秀	遇	心	释	举	名	词	不
秘	秀	乎	远	马	要	性	子	心	衬	的	秘	柔	绍
的	素	花	蜜	因	延	况	决	伏	噪	醋	坠	露	凑	父
热	了	坠	优	议	生	行	安	情	音	的	直	有	几
散	本	灵	人	于	保	心	基	欲	迟	梁	信	行	底
灵	步	修	试	无	秀	滑	几	的	联	稳	自	乐	恢	调
针	股	娱	条	形	欲	遥	飞	接	行	为	貓	整
脚	龄	飞	型	树	怖	马	年	紧	生	机	研	基	复	坠

规则
稻草人
秩序
花了
手动
狮子
调整
花蜜
草甸
管理器

针脚
男人
电影
散步
的行为
无形
名词
的表白
联接
忏悔

Puzzle 13

智能木分破焕议四息日增伊粉排飞
煲迟猫子定护子的日邀之心末行欲
章排头部全部使用口租亲护价差极
观节鹰灵活的北噪增恢镜价自噪
平条角落的栗桥旋状则心差环
礼老磨 > 存克己破肉子人柔的赂
解书损响袖紧带透排稻惊息露
必不可少应迟复宜木栅退特本复
奇乎老的程碰活年情黄柵填娱便
怪研年碰夏遥龄碰鼠出衡貓恐
的顶身乎伏息傲狼根遇议
乐马狐梳类定热栗的许
信镜狸页放他音袋狼察野
延乎降之自思祖苦惨试的衡

磨损   必不可少
使用   峰会
夏天   北部
积极   响应
角落   黄鼠狼
奇怪的   猫头鹰
狐狸   退出
章节   灵活的
全部   智能
粉末   价差

Puzzle 14

过	照	雪	乎	因	状	便	安	>	热	豆	情	数	有	不
父	料	的	骄	欲	行	父	然	生	四	苦	他	马	香
查	妻	延	栅	秘	梳	请	程	思	栅	出	信	解
根	子	本	地	人	紧	镜	动	坠	惨	祖	赂	填
休	模	仿	雪	恢	伏	分	电	父	自	父	光	惧
梳	伊	不	蜘	怖	地	机	理	里	票	人	赢	自
飞	释	落	蛛	便	老	宜	区	选	类	书	了	梳
了	的	规	>	喜	之	会	的	平	出	子
过	光	他	老	周	蠕	视	思	社	因	加	自	况
桌	高	类	特	书	虫	之	修	的	惨	宜	考	思
马	四	事	的	复	选	错	于	驱	面	也	磨	虎
肥	肥	本	眼	飞	包	号	日	程	对	心	心
增	人	黑	息	坠	夕	平	购	戒	胶	有	坠
理	部	色	远	摇	限	书	买	有	指	甲	虫
		的	状	解	由	记	想					

蠕虫
骄傲
书记
模仿
戒指
光荣
夕阳
购买
照料妻子
赢了

由于
周六
的面对
甲虫
黑色
局限
日程
书包
蜘蛛
的社会

Puzzle 15

解 条 动 素 升 透 股 不 怖 落 闲 煲 行 上 因
决 研 碰 雨 落 飞 有 遥 高 图 从 决 醋 从 怖
方 说 怖 村 因 战 略 蛾 怖 加 特 间 子 栏 栗
案 话 间 貓 最 底 损 平 菠 亲 坠 出 护 情 底
重 特 稻 基 特 排 自 树 菜 状 社 桌 情 情 基
静 眉 过 自 煲 的 地 之 资 紧 欲 惊 要 惧 加
通 考 保 雨 子 的 板 领 本 则 底 他 得 情 身
复 记 顶 邀 最 底 透 信 类 得 增 恐
约 豆 介 年 余 视 龄 任 而 得 迟 的 事
更 多 的 私 乐 思 落 本 傲 野 灵
栅 诺 求 光 填 条 自 水 祖 保 衬 倦 保
携 查 追 马 的 海 肉 况 放 保 反 考 的
眼 皂 年 复 面 绵 飞 源 判 决 桌 应 战
苦 差 事 德 雷 克 蜗 牛 祖 田 自 毁 而 看 斗
         苦 差 事 德 雷 克 蜗 牛 豆 议 径 镜 栗 斗

苦差事	反应
追求的	田径
的战斗	疲倦
判决	协议
解决方案	更多的
战略	海绵
菠菜	蜗牛
说话	德雷克
资本	地板
水槽	信任

Puzzle 16

树	精	哥	哥	升	热	本	凑	来	信	道	消	勺	排	磨
释	矿	议	票	惊	泽	礼	梁	人	摇	歉	况	防	子	砂
摇	袖	请	>	几	欲	解	型	摇	摇	类	究	灵	员	近
保	凑	降	傲	欲	的	部	行	欲	欲	乐	近	定	蛾	大
增	上	木	喜	惨	通	分	驱	坠	要	近	租	活	优	胆
苦	升	马	特	通	下	行	绍	的	想	摇	加	复	人
平	。	重	复	许	降	为	进	充	撞	桌	蛾	树	自
排			低	自	自	木	木	自	蔻	栗	部	议	凑
邀	生	自	水	有	帮	修	滑	面	惫	上	通	电
绍	日	他	保	透	喜	驱	复	人	查	马	然	转	木
好	香	身	木	不	的	请	亲	素	察	填	闲	而
不	蠕	惫	摇	建	系	撞	豆	请	灵	秘	自	破	疲
特	每	年	筑	动	统	市	民	部	面	龄	因	有
衡	虑	露	坠	坠	食	品	分	便	举	量	观	信	稳

重复
修复
摇摇欲坠的
磨砂
低
大胆
勺子
有帮助
精矿
生日

每年的
哥哥
系统
消防员
市民
行为
食品
道歉
进行
建筑

Puzzle 17

远	活	肥	露	规	幸	噪	音	最	周	圆	的	范	围	自	惊
恢	眼	栗	飞	柔	比	持	存	里	亲	平	滑	增	况	惊	动
加	乐	梳	底	主	好	特	请	士	遥	思	后	惊	亲	优	休
保	蠕	迟	型	间	眼	好	衬	求	复	肉	动	息	雨	肉	坠
考	因	肢	心	克	坠	股	远	要	音	乐	领	日	自	坠	动
计	动	怖	情	四	草	香	蛾	肢	礼	欲	转	国	干	的	余
老	算	伏	页	梳	遥	危	机	貌	水	也	家	净	升
安	的	机	父	坠	警	恐	欲	栅	便	回	马	的	人
程	驴	后	乎	的	之	遇	举	行	身	转	恐	情	动
从	后	行	得	填	凑	伏	虑	业	性	图	况	面
源	喜	欢	坠	绘	因	完	毁	定	破	觉	老	素
的	本	貓	梁	画	人	美	骄	马	观	察	最	数
面	增	飞	貓	区	桥	的	环	亲	下	子
父	领	树	之	慾	镜	下	选	研	货	护
				间	马	损	典	要	中	架	肥

情人
观察
噪音
要求
的范围
礼貌
警方
请求
货架
比特

危机
计算机
完美的
音乐
的圆周
喜欢
行业
绘画
国家
干净的

Puzzle 18

十	年	傲	草	摧	毁	灵	恐	项	损	失	要	顶	的	保
降	面	水	不	生	坠	于	精	确	里	本	举	视	先	近
考	复	信	美	议	人	护	很	先	错	伏	光	袖	子	乐
镜	蠕	倍	特	味	摇	动	快	马	老	给	怖	恐	于	便
心	士	肉	护	行	回	热	恐	究	观	出	的	事	车	摇
底	蔻	克	倍	袋	裤	子	坠	于	重	里	间	醋	身	存
转	重	好	行	能	水	惧	镜	重	分	木	议	过	栅
宜	礼	>	香	考	乐	。	独	型	栏	标	子	乃	撞
撞	根	运	根	不	栗	奏	虎	记	究	性	地	了	页	摇
人	几	间	的	规	树	查	错	虎	她	灵	址	页	面	加
自	约	携	邀	则	上	基	撞	坠	自	遇	豆	桌	记	伏
愿	欲	快	递	建	他	们	的	蠕	己	心	虫	傲	的	灵
油	直	最	源	观	车	野	好	权	望	复	坠	的	热	视
摇	漆	到	滑	领	查	飞	很	坠	保	部	自	宜	怖	平

坠毁
自愿
快递
独奏
损失
十年
精确
摧毁
油漆
给出

直到
美味
目标
地址
很好的
裤子
很快
他们的
她自己
不规则

Puzzle 19

中 本 别 绍 记 光 心 滑 梳 前 露 能 定 啤 酒
惫 远 他 人 心 山 猫 坚 加 进 特 克 平 建 议
见 肉 释 息 药 品 木 持 放 放 图 煲 草 赂 好
貌 有 滑 页 摇 胶 毁 色 倍 没 迟 野 然 野
主 透 携 惊 克 复 肉 四 便 面 什 肉 行 毁 ！
规 能 存 欲 事 护 心 下 自 木 么 车 周 五 他
子 恢 型 带 磨 了 记 根 衡 高 安 上 理 摇
重 于 底 答 灵 的 子 梳 通 的 素 面 特 况
肉 观 幸 查 数 环 复 水 延 父 泽 ＞ 社 本
秘 傲 甘 露 摇 滑 根 查 机 衡 豆 保 留 电
降 特 理 香 野 不 基 灵 的 计 算 本 流
秘 碰 撞 早 贫 困 断 士 存 地 方 惧 驴 本 面
伏 情 娱 期 他 口 充 平 通 复 定 坠 子 秀 分
近 面 差 中 试 顶 区 袋 基 ＞ 落 倍 完 全

碰撞   粉色
建议   没什么
保留   电流
药品   山猫
别人   早期
计算   甘露
完全   不断
贫困   的地方
前进   啤酒
周五   坚持

Puzzle 20

选 的 热 重 况 眼 不 之 候 研 答 身 社 优 复
同 香 他 见 骄 人 情 亲 情 选 携 人 。 恢 旋
情 苦 破 蠕 素 源 素 的 回 衬 人 毁 身 释 研
生 惊 平 行 升 回 > 中 条 眼 古 主 地 肢 于
衣 柜 子 见 龄 程 承 站 私 复 驱 然 行 滑 小
镜 木 亮 休 虑 灯 担 出 着 真 落 眉 水 上 精
面 到 壁 型 典 具 磨 几 他 乐 的 辣 厨 房 灵
肢 达 画 加 秘 释 乎 释 身 情 采 椒 烧 四 年
摇 高 发 伙 计 们 地 理 秀 定 毁 野 焦 醒 村
碰 私 惧 愿 景 伊 票 视 几 差 眉 衡 水 的 的
惊 增 焕 私 见 邀 动 选 信 蠕 存 虫 了 除 ,
从 镜 的 查 素 答 因 祖 的 诺 稻 肢 填 视 乃
乃 介 艺 术 家 于 醋 平 加 解 骚 扰 不 书 基
欧 洲 防 风 草 四 主 复 休 喜 修 袋 平 乐 远

骚扰   到达
采用   厨房
小精灵   同情
伙计们   欧洲防风草
愿景   艺术家
壁画   辣椒
承担   烧焦了
站着   衣柜
候选人   灯具
古人   ，除了

Puzzle 21

的 自 持 分 泽 最 底 书 回 延 复 有 恐 租 摇
私 研 心 试 本 行 肉 摇 基 迟 伊 惨 自 不 部
情 日 根 饭 滑 木 票 趣 他 的 身 然 面 喜
排 雨 降 充 约 树 > 镜 升 能 导 航 邀 桌 热
惨 梳 定 坠 解 稻 书 延 释 天 堂 他 心 泽 的
碎 栅 人 孤 环 的 政 治 必 迟 复 升 恐 人 桌
间 图 龄 立 想 部 单 香 要 噪 遇 透 不 旋 票
肉 建 的 柔 权 邀 心 简 差 宜 靠 近 卡 车 重
动 豆 增 赂 携 父 面 面 另 源 可 后 克 以 后
乎 快 蔻 账 间 况 最 几 一 记 况 研 能 坠 紧
便 沿 着 户 自 衡 破 邀 个 修 野 静 保 的 惧
从 来 没 有 自 准 缩 写 坠 看 顶 心 的 栏
骄 音 他 这 地 香 确 人 优 恐 的 复 动 口 增
平 倍 平 种 面 傲 稻 性 雪 树 的 不 升 木 发

肉豆蔻   沿着
延迟   导航
必要   卡车
天堂   另一个
地面   缩写
简单的   可靠
从来没有   以后
账户   靠近
孤立   这种
的政治   准确性

Puzzle 22

本惊村的光举释热运磨余醒情升丁
持面惧礼典型记疲的情马便老傲源平
自信估观复磨皂好机因而宜虎梳理地
欲请计图！分人幸会的驱谅我远本
自周原闲远温下私况约原滑草镜愈
本日桥谅日度人虫涉领究程破肢信
赅眉露＞＞计摇上及心充修镜书本
。好虫面梳围要菊花凑皂思倍见人
醒皂下平乐裙树马马衡静想恢人子
下胶议雪皂心。决决举趣有的几人柔
中数然释议休先四也没日露引况
源量信＞程草于能绍动责指活况
望高放了的回遥下转水＞信人
树饭宜镜放息察草面迟降指柔

便宜   指引
思想   菊花
老虎   温度计
赅眉露>>   指责
自信   涉及
围裙   周日
请原谅   的机会
估计   也没有
典型   数量
原谅我   风暴

Puzzle 23

木 记 近 附 西 瑞 肉 皇 悫 日 定 摇 远 方 双
醒 人 安 透 瓜 排 年 家 不 袋 真 征 女 有 顶
鸡 答 老 条 木 见 滑 人 量 理 队 傲 王 绍 出
蛋 直 衣 飞 修 坠 然 子 焕 乎 赂 察 噪 梳 生
运 底 服 解 答 柔 通 绍 便 惧 我 增 人 情
类 醒 高 > 光 恐 貌 实 票 决 旋 们 灵 图 之
降 趣 驴 道 街 高 发 现 邀 雪 的 欲 前 蜡
小 欲 出 上 丁 村 过 错 项 降 惊 信 滑 烛
苍 高 欲 自 异 规 礼 条 焕 察 音 介 图 素
兰 心 镜 加 常 的 貓 鳍 因 车 理 柔 趣 的
惧 平 状 安 噪 近 解 解 建 远 解 醒 素
基 损 从 不 能 飞 宜 不 飞 释 过 己 马 远
他 运 区 摇 饭 毁 村 主 持 龄 人 皂 桌 票
衫 的 静 私 瑞 机 安 本 习 惯 的 复 本 摇

街道
西瓜
我们的
远征队
女王
出生
双方
实现
发现
错过

鸡蛋
皇家
小苍兰
附近
之前
蜡烛
习惯
常理
异真
衣服

Puzzle 24

察 高 近 继 总 私 好 雨 野 鸡 驴 乐 艺 销 售
机 个 比 续 活 结 苦 露 机 香 胶 回 术 伊 日
懦 子 面 萨 的 书 驱 煲 柔 破 研 > 遥 自 定
夫 亲 具 灵 饼 年 泽 滑 环 不 绍 领 车 社 摇
研 性 落 区 骄 驴 电 而 光 的 错 误 研 的 秀
典 镜 倍 野 休 保 权 柠 檬 水 人 秀 上 建 丁
蔻 人 租 复 之 基 > 檬 桌 眼 蛾 人 面 一 切
回 苦 项 婚 坠 噪 面 图 豆 剪 要 典 子 飞 子
差 飞 行 迟 礼 老 认 栗 不 下 傲 爱 分 后
香 镜 的 欲 破 有 香 子 下 坠 复 虎 转 延
程 虎 滑 镜 碎 碎 循 诺 升 自 可 爱 他 持
邀 解 书 能 心 旋 蛙 部 记 几 虎 人 透
下 眼 释 水 青 程 能 车 趣 下 滑 诺 栅
页 惫 也 研 香 倍 面 自 本 迟 音 的

破碎
高个子
总结
艺术
懦夫
认为
野鸡
柠檬水
剪刀
销售

比萨饼
婚礼
错误
可爱
面具
一切
青蛙
继续
亲子
香味

Puzzle 25

草 曲 而 露 父 想 的 区 心 惊 。 研 最 间 试
独 棍 况 泽 水 碎 构 衡 不 充 老 礼 人 类 蠕
立 球 人 喜 充 芹 建 技 然 主 肥 地 于 心 皂
性 损 信 于 增 桥 有 工 摇 事 打 携 驱 。 欲
柔 克 事 回 状 摇 肉 本 查 运 下 恐 己 部 修
眉 肉 持 活 而 热 衡 坠 休 面 气 没 话 说 然
觉 损 飞 木 滑 > 思 图 不 气 肉 试 人 带
反 见 后 野 欲 基 出 瑞 己 持 况 朗 子 见
向 傲 望 地 蠕 丁 有 平 饭 车 降 修 特 日
的 静 宜 要 露 窗 转 中 快 己 栏 蚊 肉 降
因 遇 查 增 只 口 喜 碰 便 特 分 先 子 放
看 着 则 马 是 今 天 宽 远 降 肥 貌 图 片
区 的 灵 的 但 蛾 面 松 噪 许 傲 肥 的 乐 回
心 凑 先 源 延 瑞 信 的 素 状 游 泳 地 趣 村

窗口   独立性
打下   游泳
没话说   运气
技工   看着
宽松的   面包车
反向   今天
只是   构建
曲棍球   开朗
水芹   图片
蚊子   但是

Puzzle 26

企	雪	醋	循	滑	类	桌	有	磨	幸	排	不	性	平	带
近	图	严	肃	职	业	生	涯	旋	袋	保	况	摇	修	修
本	肥	水	环	损	人	好	凑	傲	理	马	木	状	可	持
顶	伏	保	论	壁	傲	幸	量	就	思	触	村	能	环
私	栗	的	文	炉	香	惨	貓	会	保	摸	落	增	状
当	事	人	票	带	喜	衡	餐	厅	先	私	貓	广	场
重	桌	约	情	貓	胶	平	介	项	坠	素	有	怖	恢
环	袖	息	里	重	滑	露	静	热	尺	他	野	梳	人
不	能	干	三	角	离	伏	梳	的	寸	自	月	数	他
亲	年	记	复	野	开	构	想	最	己	亮	口	露
面	考	人	不	许	马	股	理	主	上	了	社	貌	旋
页	见	人	不	毁	程	部	口	父	袋	底	伊	伏	自
考	饭	木	乐	倍	许	蛾	蛾	看	礼	活	望	程	恐
的	许	平	镜	倍	转	碎	护	况	最	趣	邀	不	顶
												复	理

村落
平静
他自己
触摸
离开
壁炉
论文
就会
尺寸
当事人

可能
广场
月亮
餐厅
职业生涯
企图
构想
严肃
三角
能干

Puzzle 27

地	马	亲	身	紧	页	绍	租	孩	子	坠	貌	人	饭	基
点	项	目	醒	觉	页	尽	管	坠	代	条	状	的	己	破
宜	貓	社	考	权	感	稻	的	决	步	建	性	根	肢	要
镜	年	然	遥	静	稻	的	海	湾	车	驱	举	老	马	貓
本	休	的	想	先	地	极	听	到	帮	中	过	子	蛾	日
乐	工	角	事	栏	己	直	口	杂	破	根	释	身	理	日
重	作	落	面	中	股	一	不	急	志	复	过	理	袋	行
视	好	循	安	旋	情	野	天	换	子	碎	克	袋	身	人
运	不	顶	动	优	幸	透	修	行	人	的	草	马	私	貓
快	速	栗	察	试	傲	平	本	本	优	况	的	趣	碎	本
虎	>	四	部	觉	约	排	量	遇	遇	查	事	秀	之	趣
带	坠	资	香	考	梁	疾	病	便	号	人	私	不	年	年
望	的	讯	碰	查	复	许	转	信	野	记	秀	之	不	不
运	欲	闲	面	撞	娱	量	秘	灵	虫	的	记	不	之	水

的角落	工作
快速	代步车
重视	疾病
的感觉	积极的
孩子	帮忙
听到	一天
换行	杂志
的海湾	项目
资讯	建立
尽管	地点

Puzzle 28

型	太	生	心	研	木	疲	而	面	喜	尘	先	>	祖	泽
里	阳	回	书	保	桥	虫	平	驴	蠕	瑞	土	赂	直	肥
热	镜	香	面	过	路	近	落	摇	察	冷	则	飞	水	活
回	具	亲	试	怠	上	错	桌	虎	机	灵	静	扬	源	生
吐	的	有	气	重	真	望	行	栗	量	丁	信	规	栗	的
远	于	动	候	老	液	买	转	持	然	自	泽	因	伊	虫
急	剧	变	化	的	位	了	面	不	研	损	因	吸	动	肥
提	供	坠	书	香	自	要	记	露	究	紧	子	收	查	升
息	丁	活	便	也	克	量	撞	热	生	急	马	远	瑞	桥
泽	雨	许	社	制	貓	况	落	落	排	情	决	充	自	不
摇	乐	可	便	造	因	远	源	撞	况	状	撞	木	电
透	看	证	况	看	为	倍	宜	虎	透	肉	毁	类	乐	携
肢	骄	亲	的	父	傲	透	类	倍	四	彩	自	醒	绍
草	胶	真	皂	热	倍	能	情	坠	下	恐	平	商	数	释

研究生 　　　　　太阳镜
彩色 　　　　　　路上
尘土飞扬的 　　的生活
紧急情况 　　　制造
许可证 　　　　液位
急剧变化的 　　吸收
具有 　　　　　商数
提供 　　　　　买了
气候 　　　　　因为
冷静 　　　　　回吐

Puzzle 29

图 书 情 查 分 迟 桥 便 焕 要 条 思 先 惧 野
有 木 护 > 程 过 回 秘 错 车 有 自 的 疲 傲
于 下 乐 究 恐 高 儿 部 人 照 某 些 母 衬 鸡
行 介 票 梳 部 考 子 自 保 马 心 热 祖 洞 面
蠕 程 口 面 本 分 配 焕 眼 规 间 水 伏 心 伊
平 噪 诺 飞 数 驱 情 循 肥 权 碎 释 葡 萄 穴
源 下 复 也 飞 基 分 复 眼 摇 有 间 萄 噪 查
寂 袋 危 险 的 唱 歌 慇 焕 貓 工 眼 况 他 亲
寞 分 逐 阿 唱 面 定 动 马 作 不 状 决 许
机 领 步 有 复 转 的 本 后 人 信 面 年 动
构 扑 通 音 祖 野 排 野 诺 员 考 行 的 龄
特 梳 磨 马 喜 格 要 秀 肉 解 保 先 兔 保
惨 马 貓 量 规 的 旋 考 股 克 丁 煲 子 因
木 图 邀 自 转 醒 许 眉 复 电 静 上 趣 醒

貓！   葡萄
年龄   母鸡
照片   洞穴
儿子   唱歌
兔子   逐步
工作人员   某些
扑通   机构
寂寞   危险的
分配   行程
阿姨   格式

Puzzle 30

区 亲 情 则 信 的 撞 栗 碎 诺 恢 提 稳 带 心
有 煲 恙 思 信 音 转 通 的 保 理 解 前 打 开
益 选 循 信 有 领 的 恐 面 在 的 部 恙 典 温
碰 延 皂 貓 股 信 优 碎 票 整 坠 柔 试 蛾 柔
趣 凑 发 龄 信 飞 飞 碎 碎 个 衬 他 木 举 热
复 息 看 组 状 飞 要 看 便 蠕 领 貌 镜 去 了
活 持 带 循 信 人 野 故 乡 碎 袖 明 决 理 带
素 绍 况 几 而 从 物 约 而 丁 恙 智 理 快 送
马 皂 摇 规 议 分 高 运 教 虎 心 的 快 乐 给
延 部 飞 失 顶 数 顶 建 室 水 苦 野 乐 疲 行
遇 心 便 去 理 失 鳍 室 信 部 的 后 疲 重 源
损 面 直 了 研 败 主 亲 引 擎 瑞 昂 重 贵 自
思 虎 之 衬 亲 请 本 页 他 貌 典 乐 贵 查 虑
思 型 间 驴 龄 远 信 的 疲 了 想 人 过 查 虑

瑞典人 　教室
领袖 　温柔
第一 　在整个
失去了 　组织
打开 　昂贵
物理 　引擎
失败 　亲情
提前了 　送给
去了 　有益
故乡 　明智的

Puzzle 31

宜 了 雨 下 谦 镜 打 算 来 老 野 他 肢 袋 差
行 究 四 好 逊 发 光 修 稻 吧 经 济 动 延 环
书 豌 最 区 有 。 研 运 自 平 眉 老 祖 延 生
图 豆 了 栏 不 赂 而 父 心 醒 顶 惫 机 先 冒
通 释 惫 分 了 了 书 不 远 安 底 蜈 蚣 区 出
＞ 里 冰 箱 项 碰 而 面 图 改 一 加 真 亮 类
姐 姐 赂 惧 数 特 骄 摇 便 善 起 通 静 考 领
能 图 分 则 建 面 过 车 乐 烘 亲 区 亮 远 飞
下 亲 规 填 定 票 他 似 况 烤 便 袋 醋 他 顶
露 定 考 携 驴 生 栅 乎 热 思 安 来 管 虫 保
伊 今 赂 乐 情 灵 他 近 身 的 私 人 过 皂 呢
降 好 赂 余 根 ！ 况 坠 木 木 真 得 车 自 木
破 特 雪 的 条 疲 持 人 肥 安 丁 惨 自 平
复 袋 邮 件 件 面 胶 考 领 察 增 要 增 素

祖先　　　　通常
烘烤　　　　条件
冒出　　　　邮件
姐姐　　　　来吧
冰箱　　　　蜈蚣
打算　　　　似乎
谦逊　　　　今晚
豌豆　　　　的私人
改善　　　　管他呢
经济　　　　一起

Puzzle 32

```
醋 安 情 释 有 宏 无 有 三 明 治 生 底 香 宜
倍 澄 下 肉 有 伟 聊 滑 近 排 人 考 充 考 伊
错 清 摇 沉 怖 的 瑞 要 地 情 近 哭 因 项 磨
安 梁 信 帐 的 泽 面 解 理 先 根 吧 之 马 透
察 量 乎 发 户 幸 的 镜 亮 过 部 落 息 趣
延 乐 四 十 卧 复 请 望 最 票 露 破 欲 选
信 人 增 回 室 上 梳 人 驴 出 心 察 光 蔻
碰 生 稻 摇 梁 欲 控 增 礼 飞 根 丁 于 伏
摇 日 野 索 引 远 制 乐 不 差 解 他 摇 马
加 柔 性 答 扁 简 增 地 ， 但 邀 貓 落 驱
视 出 护 书 平 本 地 动 音 赂 活 决 肥 升
便 冲 蟾 蜍 乐 状 望 ！ 坠 先 看 诺 有 礼
介 击 蜍 聪 来 音 谈 况 栗 恐 存 安 衬
不 来 信 明 飞 来 话 的 定 亲 有 释 里
　 　 顶 书 落 飞 许 然
```

地理
野性，但
冲击
扁平
控制
卧室
谈话
索引
哭吧

三明治
宏伟的
帐户
无聊
四十
下沉
澄清
聪明
简单地说
蟾蜍

Puzzle 33

味	怖	衰	十	过	旋	试	循	股	老	之	情	栏	衫	带
静	道	变	二	雪	运	镜	>	自	符	记	惨	理	携	瑞
活	损	遥	特	光	放	胶	遥	名	字	喜	礼	降	欲	惨
上	外	无	谓	野	凑	选	香	加	趋	系	列	醋	升	请
惨	机	部	苏	打	水	项	量	栅	之	周	期	信	老	欲
中	情	会	辉	煌	最	私	行	貓	若	发	股	票	肥	思
解	考	蚂	于	醒	恐	磨	部	活	鹜	闲	最	之	紧	自
究	邀	蚱	况	远	柔	见	下	条	理	袋	能	肢	高
醒	中	社	士	的	瑞	倍	因	信	行	本	骄	飞	栅
地	试	桥	平	中	吸	血	鬼	排	成	诺	的	子	的
倍	告	诉	书	克	号	余	许	乐	本	恐	最	音	警
情	子	观	特	情	貓	袖	秀	欲	恐	中	子	告
本	日	错	貓	存	要	部	自	了	地	袖	动	滑
加	秀	环	驱	车	了	程	木	本	娱	况	权	损

亲自
的警告
程序
吸血鬼
成本
外部
苏打水
十二
系列
名字

字符
周期
趋之若鹜
告诉
味道
机会
蚂蚱
辉煌
衰变
无谓

Puzzle 34

特动平紧复直热活考中心灵思升后
光肥蛾人胶几环环选保后号稻老眉
亲直运远于乎伊绍年素父面旋保貌典
影动草棕瑞。的了震休上惊保知道醒
的响毁色生息安人想子究中滑理信动父
新袜趣摇项的顶。梦的紧自便来
机复子亮滑遇损灵皂木透木定有惨
热性延乐租板见动号量克心否思本
优延惊部增基疲飞口恐亲木蠕亮理稳最
寻找平闲带号摇动己音木覆盖有
貌延多透研碎趾露动焕桌貓人
事人祖带答脚号看村覆股票稳
显着出版老延眼有盖人
人士稳树研解鳍眼父股人最

遇见
几乎。
知道
覆盖多彩
多脚趾
脚趾棕色
棕色，她
，出版
出版寻找
寻找

否定
震撼的
新袜子
的滑板
滑着响
显影树木
影的中的
的梦想

Puzzle 35

肉 秀 情 型 礼 循 体 育 的 主 村 伏 绝 本 视
雨 祖 条 放 人 地 光 煲 礼 要 飞 察 对 增 排
失 望 特 特 亲 亮 带 素 车 面 木 镜 面 解 凑
星 期 六 动 趣 落 举 栅 桌 排 本 宜 领 娱 修
查 雪 防 通 物 不 凑 况 旋 巧 权 年 愈 肥 礼
书 雨 止 最 开 瓶 器 则 噪 醒 克 驱 喜 精 落
心 静 放 根 秀 重 噪 > 绍 息 要 力 秀 度 行
条 乃 转 直 本 趣 驱 海 拔 伏 飞 数 见 豆
恢 本 凑 升 梁 的 先 延 蔻 坠 伊 坠 自 排
觉 心 衡 凝 部 镜 股 知 香 亲 。 休 乐 自
舒 选 栅 视 解 人 持 识 菜 树 他 自 的 自
适 书 不 面 肉 坠 活 最 露 约 车 票 驱 私
四 内 稳 增 傲 快 下 幸 镜 蚱 影 日 精
衫 子 存 苦 紧 于 近 福 号 蜢 考 人 号 细

主要	凝视
知识	动物
体育	精度
香菜	最幸福
开瓶器	精细
影院	防止
星期六	海拔
失望	巧克力
内存	绝对
舒适	蚱蜢

Puzzle 36

存	倍	欲	错	飞	衫	动	有	感	有	行	发	心	主	灵
举	闲	乎	出	口	风	便	也	觉	头	发	运	眉	光	不
克	典	充	行	生	条	筝	噪	头	马	研	心	瑞	碰	滑
观	电	考	区	携	透	人	人	马	根	答	机	栏	先	约
持	领	稻	邀	信	祖	伏	人	程	亮	素	见	惊	镜	镜
乐	基	型	下	见	泽	存	碰	人	抽	远	复	里	举	举
阶	梯	信	研	鳍	热	他	梳	信	屉	保	顶	典	伊	伊
驯	鹿	情	心	究	租	马	傲	社	数	镜	错	梁	梁	镜
领	稳	答	理	实	践	要	滑	恐	精	亲	损	遇	遇	举
有	肢	觉	新	闻	段	闪	信	驱	领	心	伊	息	息	
透	出	图	规	视	柔	宜	耀	慰	欣	四	令	营	醋	
静	基	本	昂	回	复	所	有	的	社	人	坠	地	分	
远	研	香	贵	先	。	事	最	毁	确	>	建	书		
摇	观	乐	的	理	动	士	循	衡	定	树	放			
			底	自	滑	之	好	信	循	近				

研究
心理
头发
出口
感觉
令人欣慰的
抽屉
驯鹿
营地
精心

昂贵的
的阶段
阶梯
实践
闪耀
所有的
回复
新闻
确定
风筝

Puzzle 37

自	定	远	的	人	而	撞	人	理	草	本	行	主	源	稳
然	不	远	解	说	员	碎	有	典	树	本	龄	肉	量
本	自	豆	骄	动	诺	肉	源	!	亲	跨	要	水	程
年	音	豆	父	分	信	头	苦	雨	社	区	越	肥	解
碰	类	秀	从	面	恢	上	况	明	律	域	音	磨
摇	延	醒	祖	考	露	的	显	师	树	虎	解
煲	动	西	记	香	决	灵	浴	研	皮	乐	最
权	重	东	复	雪	淋	的	鳍	雨	典	权	蔻
有	四	了	突	伊	特	恙	丁	信	娱	不
静	的	些	发	飞	如	一	程	扰	考	票	趣
!	部	远	性	复	何	块	源	便	虎	想	豆
情	议	一	人	票	心	领	本	的	优	野	梳
减	少	次	水	滑	情	况	肉	差	傲	恐	的
降	了	安	排	分	宜	决	光	上	露	复	使
底	赂	损	饭	紧	运	滑	休	胶	重	用
高	亲	情	增	差	书	惊	试	请	可

惊喜
树皮
一些东西
源头上
如何
突发
自然
扰乱
减少
区域

雪人
淋浴
跨越
可重复使用
明显
的一次性
一块
解说员
律师
远远

Puzzle 38

直	闲	见	部	增	本	粪	便	原	完	毕	的	的	号	年
绍	马	发	最	他	几	脖	乐	因	口	上	几	延	长	图
木	本	性	车	牙	年	子	恢	而	貓	观	丁	绍	子	便
遥	祖	地	喜	直	远	面	有	一	口	之	木	亲	栗	中
他	中	充	光	视	活	。	雨	醒	个	运	部	损	也	虫
绍	日	特	大	学	生	便	马	社	自	乎	图	票	部	自
的	传	祖	的	增	驱	鳍	主	稻	肥	存	典	袋	于	视
修	面	于	眼	宜	蔻	紧	紧	车	生	发	查	不	类	不
虎	然	祖	亲	哭	患	焕	眼	要	雪	保	木	怖	下	面
老	休	摇	泽	了	者	典	虫	解	决	于	日	的	思	中
余	重	错	过	土	记	沙	堡	后	惧	书	诺	后	人	透
木	特	惨	怖	豆	社	子	类	车	间	图	他	书	护	虑
恐	的	上	眉	分	子	肥	驴	素	坠	稳	的	书	察	的
因	源	秘	眉	人	身	类	平	介	衬	人	恢	馆		

他的
下面
延长
土豆
大学生
患者
几年
分析
粪便
分类

原因
牙齿
沙堡
完毕
哭了
图书馆
一个
本性
的传统
脖子

Puzzle 39

上 主 题 俱 乐 部 此 音 豆 蛾 转 肥 丁 许 乃
一 虫 电 得 人 幸 外 究 自 页 本 数 的 子 香
页 趣 小 学 木 顶 摇 察 乐 表 回 动 木 究 邀
保 貌 则 碎 木 的 远 复 。 不 究 面 马 究 肉
伏 运 飞 行 行 乐 风 水 音 究 介 顶 因 见 他
况 马 机 野 见 人 信 分 貓 差 衫 遇 研 生 的
探 索 面 虫 活 栗 子 对 图 子 衫 轻 松 理 论
面 便 眉 视 趣 以 许 冲 像 放 解 胶 最 祖 热
自 碰 息 究 议 后 龄 摆 动 加 量 行 先 号
克 伊 抗 衬 发 的 复 考 野 马 信 人 乐 驱
领 察 蚀 请 恐 优 被 > 究 亲 他 遇 子 上
重 沙 剂 休 建 便 捕 望 的 书 了 蠕 锻 视 租
丁 主 塔 衡 书 摇 人 的 后 亮 私 请 炼 飞 饭
稳 日 因 素 紧 栗 况 决 本 貌 蔻 肥 顶 泽 因

主题	探索
表面	理论
俱乐部	风信子
此外	抗蚀剂
水分	河马
对冲	以后的
摆动	放轻松
沙塔	图像
小学	被捕
锻炼	上一页

Puzzle 40

了 ！ 的 远 电 袖 决 优 况 信 本 定 亲 事 苦
第 四 个 过 高 自 由 的 满 足 慷 慨 运 高 难
碎 不 回 类 社 稳 露 思 性 数 飞 赂 伊 秀 雪
露 稳 能 自 便 露 休 声 音 规 驴 便 灵 动 恢
自 定 面 肉 理 光 闲 野 子 回 要 延 秀 的 乎
带 的 乃 栅 。 栏 慈 试 人 野 租 虑 动 自 的
释 人 太 衬 社 伏 走 镜 究 特 决 保 的 草 破
有 坠 阳 面 便 皂 降 权 民 袖 教 授 自 的 摇
音 想 发 宜 理 醋 票 中 族 增 有 有 草 毁 特
行 日 票 解 。 野 报 顶 诺 遥 镜 用 的 父 的
喜 露 的 究 四 分 惧 过 来 碎 落 现 代 的 后
子 介 国 行 木 望 动 趣 程 页 现 便 便 人 便
解 恢 家 四 木 保 行 欲 中 平 情 父 欲 根 人
便 究 动 运 余 野 保 情 车 平 情 父 便 欲 根

不稳定的   苦难
乐趣   报纸
休闲   民族
慷慨   走廊
自由   试镜
第四个   居民
现代   教授
声音   的国家
太阳   过程中
有用的   满足

Puzzle 41

携	克	晴	公	诉	说	有	视	趣	数	号	面	醋	野	股
绍	蠕	天	司	约	灵	乐	看	音	稳	小	丁	优	运	碰
出	租	车	简	权	虫	水	书	丁	查	性	说	诺	而	行
乐	护	克	介	豆	面	豆	存	子	信	护	虫	状	解	负
效	益	备	选	方	案	携	虎	瑞	亲	幸	间	保	草	担
加	注	行	遥	规	举	要	噪	循	焕	于	年	社	社	碎
人	疲	平	选	坠	粒	欲	号	雪	休	口	近	考	衫
宜	肥	滑	磨	野	子	解	想	因	居	碰	答	防	平
朋	友	不	秀	桌	解	型	音	虎	然	升	美	国	电
带	反	亮	的	马	双	瑞	自	摇	>	电	的	热	则
诺	请	过	的	自	远	惊	社	道	究	休	便	绍	惨
也	余	里	来	栗	貌	落	内	休	德	飞	答	木	先
转	条	伊	傲	优	骆	士	赂	书	数	动	怖	余	>	木
年	修	先	延	宜	驼	蠕	喜	存	存	驱	绍	约	领	日

出租车 备选方案
国防 居然
骆驼 的双
反过来 小说
加注 效益
内部 晴天
粒子 平原
诉说 美国
负担 朋友
公司简介 道德

Puzzle 42

热 的 得 紧 諾 值 恐 股 子 护 煲 程 空 天 书
地 能 信 滑 远 娱 得 品 私 部 填 套 索 绍 鹅
焕 不 栏 平 插 研 族 种 顶 年 克 活 区 自 瑞
组 装 书 远 入 怖 本 本 部 面 程 秀 秀 最 本
娱 丁 面 人 了 服 从 香 素 香 举 祖 活 虫 有
有 间 面 驱 私 机 理 社 秀 野 环 条 电 袖 页
和 延 乎 远 娱 来 之 复 会 便 村 意 见 释 他
平 老 项 错 栗 望 村 情 究 丁 机 增 子 情 逮
行 驱 性 克 鳍 远 桌 区 存 之 介 衫 的 静 捕
画 笔 人 规 要 镜 鳍 望 书 乃 人 树 性 源 试
不 栅 灵 高 慂 自 不 排 乎 娱 心 迟 热 的 乃
先 细 腻 虑 区 本 远 几 饭 排 携 典 菠 胶 信
亲 护 趣 研 快 恐 亲 惧 恐 错 伊 有 萝 萝 热
蛾 礼 社 通 乐 眼 祖 几 来 滑 复 归 理 建 转

顶部
望远镜
值得
种族
复归
天空
意见
套索
插入
天鹅

菠萝
和平
画笔
品种
服从
逮捕
细腻
组装
快乐
社会

Puzzle 43

饭 子 露 察 便 解 毁 况 快 理 迟 损 飞 肥 建
排 考 动 接 本 研 醒 树 近 克 特 木 马 木 戏
日 差 增 受 本 野 远 年 无 意 义 滑 镜 剧
察 行 则 乐 便 子 平 的 转 复 心 疲 暂 停 性
驴 惧 准 确 情 面 梳 保 动 况 解 察 伏 余 记
权 私 举 有 迟 持 恐 透 建 飞 私 区 整 基
建 危 险 性 典 心 排 口 闲 鳍 迁 思 体 本
增 举 于 延 音 有 趣 日 栏 礼 移 特 的
虑 觉 露 遇 源 解 衡 程 马 平 增 本 解 透 愁
票 填 过 平 本 解 胶 安 不 介 摇 梳 双 赢 权
小 狗 价 亲 程 肢 礼 排 亲 愁 热 闲 部 相 优
面 独 值 亲 恐 类 得 之 狩 猎 恐 镜 量 信
携 立 恢 驱 胶 灵 桌 马 愁 存 树 稳 饭 衬 己
虏 漏 虏 诺 查 乐 护 过 根 错 书 直 排 亮 衫

日程安排	独立
有趣	戏剧性
衬衫	整体
延音	小狗
虏漏虏	危险
基本的	双赢
毫无意义	相信
狩猎	暂停
准确	价值
接受	迁移

Puzzle 44

权	伏	桥	携	复	露	惊	倍	周	快	飞	破	乐	龄	露
泽	介	心	部	考	素	倾	斜	一	驱	源	不	旋	欲	便
露	保	考	惊	碰	诺	错	桥	生	秀	平	飞	锄	头	高
蛾	恐	出	特	源	主	社	远	人	心	书	老	紧	研	娱
的	有	口	股	龄	思	情	书	条	评	源	静	规	马	见
看	页	马	坠	老	数	教	情	欲	估	也	顶	携	飞	升
活	木	村	犹	亲	会	条	想	存	动	四	实	社	镜
倍	灵	行	豫	着	带	倍	想	野	顶	上	验	自	透
上	本	优	眉	况	飞	衡	决	黄	滑	坠	落	生	眼
一	天	晚	上	热	解	可	貓	金	自	事	社	亲	之
子	栅	行	乐	悉	出	秀	见	特	恐	查	究	然	的
透	驴	信	信	心	基	理	子	自	这	色	密	封	究
量	复	远	便	有	降	属	于	面	些	彩	乘	法	书
情	情	研	傲	梳	许	多	背	后	滑	了	落	树	子	平

悉心   密封
倾斜   属于
想想   一会
色彩   教验
骑估   实见
评多   可些
许多   这金
锄头   黄法
犹豫   乘后
一天晚上   背

Puzzle 45

发 降 秀 主 号 得 出 惊 况 过 衡 > 趣 于 过
然 项 马 远 顶 虫 噪 当 今 乐 型 醋 重 延 号 士
视 情 有 身 惊 透 信 事 事 件 人 的 季 迟 量 亲
高 保 环 息 镜 余 素 身 底 瑞 项 特 度 自 安 行
自 考 鳍 于 携 惊 子 热 怖 之 的 自 蔻 议 约
视 欲 袋 克 他 醋 ！ 部 ！ 之 自 虑 复 光
恢 生 回 直 驴 保 租 余 最 闲 则 保 得 栅
坠 趣 蔻 下 拥 木 露 最 运 镜 鳍 解 伏 独
身 野 况 理 抱 野 最 轻 好 第 条 毁 立
信 伊 驱 根 撞 产 根 松 车 碰 棉 花 的
缺 乏 优 遥 趣 最 趣 降 骄 放 安 交 谈 后
然 损 心 愆 底 栏 而 最 中 惊 本 区 优 条
愆 骨 真 休 量 简 骄 终 幸 露 自 后 复
国 王 折 发 音 化 活 观 于 间 考 命 后 复

交 谈
骨 折 生 花
野 棉 第 七
简 化 拥 抱
季 度 生 产
注 意

缺 乏
独 立 的
发 音 松
轻 事 件
当 今 命 终
使 最 量 王
音 国

Puzzle 46

情破信加领高真的吗碎他理稻平
则近欲行骄 > 热私本老票数页噪
虑心亮地怖事肥典延亮览图心试
趣的亲记桥重复使用远觉香的的
则再见肢士伊自护人口骄状后的
然票高动绝望眼主性高事底去混合察肥
增坠撞貓他灵袋电解顶情修典的的
降桥袋自然省旋便静要奇栗合究肥
毁便蜥蜴基节的能好私撞亮袋树究遥便
毁看股野倍口羊身权衫领亲充私绍袋树遥肉
骄典木心丁究增摇领肢好私撞亮草肉
音车最滑活山直参加究持信来事
礼信部面顶排事鹿摇算信绍破
子面心秀决表现麋栏结通加权破
输入邀于的衡碰饭已信四露租镜

増加   山羊
自动   输入
重复使用   展览
好奇   绝望
节省   麋鹿
驼鹿   真的吗
再见   人口
参加   蜥蜴
已结算   表现
混合   要去

Puzzle 47

思 租 幸 权 活 眼 复 笔 录 雪 口 信 。 栏 举
乃 出 运 见 驱 礼 晴 复 记 性 不 镜 民 流 近
运 丁 研 发 号 有 自 自 古 董 高 放 俗 体 理
父 建 好 复 柔 自 研 本 约 环 度 礼 主 饭 口
选 平 理 记 加 袖 心 看 股 惨 理 举 邀 破 虑
口 袋 试 行 蠕 根 面 而 乐 建 差 滑 规 原 定
消 子 理 思 焕 子 自 本 便 露 恢 心 心 谅
失 趣 望 自 露 私 龄 稳 野 查 最 傲 领 议
撞 住 部 肉 建 肢 定 梳 上 处 错 趣 图 顶
最 宅 秀 察 心 秀 降 护 坠 祖 页 衬 滑 鱿
页 见 邀 保 祖 袖 别 视 喜 士 支 的 鱼
保 凑 生 梁 优 柱 冰 解 虎 雪 从 出 的 介
究 桌 顶 可 摇 增 灵 图 权 木 露 日 主 便
况 军 队 怜 自 信 带 欲 获 情 性 他 惊 伏
　 　 　 　 自 的 恐 蠕 得 研 　 　 　 　 　

幸运
高度
的冰柱
记录
获得
民俗
别的
笔记
军队
可怜

流体
鱿鱼
支出
消失
原谅
古董
口袋
眼睛
查处
住宅

Puzzle 48

```
举 的 合 作 伙 伴 有 阴 决 循 的 立 场 主 有
乃 主 后 复 书 规 饭 天 策 里 远 增 马 貓 苦
马 许 貌 决 恐 先 远 克 香 恐 他 自 自 醒 自
桥 马 醋 特 况 察 升 而 衬 约 排 他 安 静 回
要 试 试 祖 木 车 延 损 木 镜 决 状 镜 龄 惧
么 礼 透 龄 动 灰 露 皂 貓 滑 约 状 信 。 貓
有 廉 价 于 循 尘 招 待 要 的 鳍 镜 透 透 错
飞 驱 衡 排 因 书 身 答 带 书 院 宜 周 回 淡
书 因 里 的 素 音 ＞ 皂 循 醒 究 特 飞 二 紫
学 赂 建 议 皂 心 能 遇 源 放 眉 几 幸 落 色
权 术 究 水 近 性 心 就 的 咨 雨 露 优 车
野 答 ＞ 露 祖 子 稳 底 摇 眼 部 倒 丈 夫 发
虎 考 蔻 乃 定 通 机 循 ！ 部 询 量 带 夫 煲
諾 落 遥 排 煲 延 情 选 加 眼 部 雪 流 行 摇
```

因素
倒带
的立场
淡紫色
招待
决策
就是！
学术
周二
阴天

安静
合作伙伴
流行
法院
廉价
丈夫
咨询量
要么
灰尘

Puzzle 49

进 ！ 泽 肢 村 情 伏 近 眉 所 雨 忽 几 面 己
丁 展 军 方 特 平 柔 有 以 有 从 略 几 研 子
动 升 情 根 他 同 椅 子 后 人 药 物 的 事 理
稻 焦 过 况 露 时 解 部 再 的 闲 肥 观 来 放
型 点 飞 撞 要 考 上 恐 说 塑 料 龄 底 灵 要
情 毁 心 伏 性 瑞 宜 的 光 撞 的 落 遥 己 衡
风 险 试 飞 恢 情 老 师 请 远 活 顶 远 子 高
貓 ！ 思 己 要 他 地 项 循 碰 瑞 亮 尝 试 查
之 虑 恢 乐 飞 心 主 伊 心 阴 影 礼 考 煲 注
光 况 定 信 桌 有 惧 息 降 蠕 坠 电 持 关 远
貓 社 柔 举 落 飞 带 动 心 焕 周 边 露 音 老
諾 趣 条 欲 驴 惊 子 透 批 摇 先 好 租 亲 情
发 举 决 乎 地 议 热 材 料 发 社 雇 状 伏 电
量 己 村 情 因 自 动 光 页 有 价 滑 用 也

进展情况   阴影
椅子   同时
忽略   所有人
风险   的人
塑料   尝试
批发价   雇用
焦点   周边
军方   以后再说
关注   老师
药物   材料

Puzzle 50

书	本	究	惧	面	觉	怖	镜	鳍	蛾	区	休	宜	本	那
衬	远	趣	虚	稻	查	觉	私	皂	苦	考	落	蛾	试	些
后	许	设	拟	噪	思	了	士	出	豆	究	家	灵	马	心
马	能	置	表	演	惊	的	面	的	了	则	伙	安	事	自
拉	虫	栗	环	回	研	顶	情	静	娱	宜	运	素	回	梁
什	尤	稳	固	应	踏	复	根	静	号	直	皂	子	滑	面
考	有	其	闲	基	板	木	摇	况	复	旋	泽	从	木	间
本	滑	不	是	背	车	课	乃	于	试	升	租	鳍	肉
便	复	领	眼	部	栏	程	过	雪	升	宜	情	邀	袖	袖
试	摇	祖	高	阵	风	闲	周	得	宜	袋	错	人	股	乎
也	过	息	于	活	事	望	末	选	稻	直	特	身	便	直
他	见	泽	根	存	观	社	远	虫	坠	转	远	望	乎	惊
手	柄	不	标	备	况	栗	底	士	大	项	典	眼	伏	查
本	衡	邀	请	准	上	见	香	心	型	信	来	衡	磨	摇

邀请
稳固
大型
尤其是
背部
准备
拉什
手柄
踏板车
家伙

设置
课程
周末
虚拟
阵风
那些
雪貂
回应
标准
表演

Puzzle 51

雨运的伊常柔快优之栗骄人带存
飞输梁肢页见然秀噪飞议要护
拍摄露稳面遥存行平型几的自直
享桌底生宜遥迟热怖龄望保丁豪快
受柔情灵活带排过从存过四心书
发答请欲家己雪热复运社惊记特祖
答展约丁具状飞伊坠品惧况撞甚不护
虎能野不底循典子决远私虎糖焕自复
的增泽日衡究的类区社香苦果复伊煲
噪鳍虫趣拳车乃之延噪漠自面素遥机诺降
眼虫欲击礼觉丁究便蛾恐复机诺降
近欲自礼觉丁噪漠自面素遥机
决心脏顶特持碰坠选清高絮降
乐用品顶特持碰坠选清高絮降
遇子书信的裙板延洁况从木区

灵活秀絮脏品豪击摄具展
优柳心奖自拳拍家发

品用糖沙甚清享坠常运裙板
果漠至洁受入见输板

Puzzle 52

摇 马 行 要 木 面 作 镜 典 运 休 旋 惊 露 奉
疯 了 证 秘 惫 条 用 增 想 基 情 循 宜 空 气
紧 心 保 绍 坠 于 年 的 迟 高 举 平 动 球 惫
后 口 护 凑 落 露 保 ！ 书 领 来 情 心 树 况
虑 袋 他 教 育 数 ！ 胶 理 下 禁 什 欺 骗 性
理 里 的 热 页 宝 摇 票 稳 四 止 么 有 镜 稳
他 稳 机 页 释 宝 图 信 升 心 理 情 典 护 赂
直 损 然 飞 亲 本 修 桥 人 填 水 乐 想 答
自 升 梁 机 平 村 桌 惧 觉 股 底 士 四 惊
约 项 热 面 木 情 型 保 接 触 绿 色 骄 旋
貌 热 便 书 雨 里 量 复 快 的 蛾 坠 最 碰
野 便 量 灵 得 的 乐 骄 趣 的 自 察 加 大
搬 上 子 书 带 考 息 环 对 人 木 衬 子 树
特 权 日 有 试 信 乐 事 下 象 信 乐

口袋里
直升机
保护
作用
禁止
保证
空气
奉献
特权
搬上

宝宝
气球
疯了
欺骗
接触
对象
教育
最大
什么
绿色

Puzzle 53

平	口	摇	乐	赂	醋	驱	恢	填	几	曲	究	欢	带	露
加	飞	加	能	心	蛾	恐	四	究	趣	线	貌	迎	光	树
田	鼠	有	亲	信	租	通	究	信	。	才	人	情	坠	貓
因	环	傲	士	的	本	电	心	喜	雪	过	也	衫	马	滑
部	热	了	思	错	绍	灵	影	复	股	趣	想	的	呼	吸
息	后	顶	下	书	>	机	镜	院	请	究	稳	虎	差	通
磨	了	迟	欲	摇	保	不	适	想	法	第	四	秀	野	的
梳	桥	貌	音	书	的	有	保	合	间	肉	幸	单	梳	自
面	书	伊	噪	摇	事	通	不	约	究	光	稻	独	究	疲
间	剥	夺	音	蛾	信	蠕	貌	远	第	特	木	研	底	坠
情	近	带	袖	雪	选	树	心	观	肉	昏	昏	升	瑞	生
栗	秘	克	面	音	授	权	源	优	看	观	欲	信	复	自
的	复	观	难	怪	舞	息	焕	稳	间	加	睡	适	度	建
磨	杂	总	裁	最	露	台	思	鳍	亲	眠	睡	适	度	携

昏昏欲睡
舞台
电影院
观看
想法
复杂
总裁
第四
剥夺
授权

单独
呼吸
难怪
适合
欢迎。
适度
鼠
人才
睡眠
曲线

Puzzle 54

车 父 建 也 树 的 通 主 状 士 肉 龄 相 闲 惊
站 的 马 复 素 根 噪 远 有 碰 摇 中 同 煲 人
野 野 洋 葱 本 机 有 间 灵 伏 金 醒 的 邮 理
闲 ＞ 社 焕 降 平 便 静 心 镜 噪 额 本 递 野
稳 转 飞 摇 本 理 喜 本 亮 活 则 转 摇 考 员 条
遥 解 ！ 野 水 持 滑 秘 增 肉 惨 本 底 力 坠
小 恚 肢 理 定 乐 的 电 机 面 虎 动 机 引 闲
数 外 套 源 野 的 咒 从 未 绍 分 肉 吸 升
丁 皂 傲 充 站 在 语 复 物 约 磨 虎 平 有 页
面 蛾 诺 察 惨 自 己 优 种 衡 惨 遥 热 研 人
稻 课 量 乐 见 开 拓 人 达 对 人 介 闲 龄
栅 生 堂 上 婴 儿 的 网 到 皂 租 瑞 考 理
驴 里 稳 近 四 降 热 球 了 平 镜 皂 保 的
恚 虫 本 能 私 余 权 加 稻 地 他 损 察 信 马 摇 记

自己	小数
外套	洋葱
站在	有人
相同的	咒语
金额	车站
婴儿	达到了
课堂	网球
物种	邮递员
有吸引力	开拓
反对	从未

Puzzle 55

貌 分 延 东 西 的 政 策 从 胶 本 考 汉 了 的
间 子 自 肥 源 镜 程 衫 面 醒 袋 鼠 堡 貓 充
傲 活 亲 决 驱 典 优 稻 马 ＞ 心 量 的 亲 加
余 地 观 加 入 望 放 议 撞 下 规 本 况 心 虎
惊 乎 分 子 动 几 类 情 有 升 宜 马 近 冒 险
考 条 约 也 则 树 恢 基 生 增 的 龄 最 后 的
惨 滑 分 伊 占 据 趣 信 透 诺 凑 介 放 木 议
度 先 外 光 也 忘 能 傲 乐 子 橡 特 机 衬 恐
野 分 的 面 发 龄 高 摇 驴 本 解 皮 查 考 白
蒸 惨 数 发 差 远 项 升 有 根 本 闲 蛾 眉 毁 马
汽 热 炉 子 慈 远 栅 升 驴 书 理 秀 放 地 子 主
带 稻 最 早 蝴 黑 增 况 于 因 秀 飞 袖 破 坏
看 加 幸 餐 蝶 暗 中 秀 于 秀 增 他 肉 坏 蠕
凑

Word list:

最近　袋鼠　加入　橡皮　外面　汉堡　冒险　占据　蒸汽　山庄

度分数　黑暗　的政策　白色　破坏　忘了　蝴蝶　早餐　炉子　东西

Puzzle 56

飞 机 的 可 许 活 位 重 香 高 諾 乐 渴 着 真
部 区 肥 以 火 鸡 移 龄 落 携 约 观 望 过 急
租 源 模 市 场 素 眼 主 秀 动 来 礼 遥 子 股
社 余 社 式 的 落 见 热 豆 光 肥 遥 远 要 貌
口 露 龄 肉 息 介 间 决 放 余 性 约 安 步 行
摇 便 银 野 复 望 错 木 林 人 悫 答 便 来 情
倍 傲 行 分 热 转 毁 特 灵 他 休 想 了 皂 增
人 栏 下 肉 带 衡 复 灵 便 理 恢 雨 恢 稳 碎
约 循 木 租 票 然 肯 定 的 坠 肉 肢 利 议 情
克 口 野 租 衬 老 有 袖 鳍 眼 状 活 疏 息 升
趣 决 息 车 安 心 充 智 慧 衡 排 趣 散 草 行
书 柔 静 毁 情 能 镜 页 栏 来 乎 保 自 自 特
平 区 票 加 坠 而 生 复 袖 眼 静 眼 趣 乐 苦
开 始 ！ 损 栏 摇 泽 排 复 眉 人 眼 静 心 迟

热带
遥远
位移
模式
火鸡
许可
利息
可以
开始！
步行

银行
疏散
雨林
市场
渴望
智慧
飞机的
着急
肯定
的鳍状肢

Puzzle 57

桥 边 水 果 创 造 理 解 真 坠 过 了 滑 热 陪
喜 缘 图 行 龄 坠 子 错 作 家 乐 醒 是 查 审
飞 书 最 中 露 醋 考 然 四 宜 欲 父 的 保 团
况 本 眉 钢 琴 宜 望 露 趣 饭 老 坠 秘 底 放
状 礼 惧 真 鳍 余 肢 几 余 心 安 高 惨 视 带
见 貌 修 静 马 年 镜 填 豆 顶 租 见 木 回 衬
得 到 了 马 泽 面 后 人 本 动 见 返 回 票 存
租 他 股 项 亲 袖 觉 欲 区 欲 本 出 护 根 直
发 最 们 我 系 联 热 通 中 骄 复 豆 水 社 几
介 究 袖 坠 坠 水 诺 公 司 精 灵 水 皂 不 应
质 高 伊 灵 衬 雨 息 学 型 损 四 护 活 几 地
回 苦 大 能 的 他 燃 号 ！ 柔 木 社 不 直
平 水 自 区 自 燃 烧 秀 定 桌 ＞ 股 效 赂
图 直 四 的 静 平 过 毛 衣 释 惊 典

陪审团
介质
得到了
高大
公司
联系我们
燃烧
钢琴
学校
审查

创造
水果
精灵
毛衣
效
返回
是
的们
他
边缘
作家

Puzzle 58

作 出 骄 迟 心 惧 行 静 项 水 乐 露 衬 最 蛾
下 袖 电 息 灵 蠕 光 想 飞 不 蔻 延 醋 远 租
农 场 理 光 喜 介 号 究 息 动 生 气 降 家 考
快 部 主 倍 泽 飞 保 中 大 毁 生 查 解 究 庭
实 便 研 复 喜 源 遥 蔻 米 需 要 重 情 豆 研
用 然 根 辅 博 研 先 木 天 威 能 野 能 的
底 桌 煲 助 物 自 父 子 使 胁 快 地 滑 机 基
社 一 木 套 馆 平 从 便 有 之 心 蔻 记 考 衡
环 热 。 奥 情 趣 马 况 察 梅 研 觉 了 主 水
放 冻 的 秘 过 得 马 保 衫 里 心 亮 部 人 趣
情 结 文 的 光 之 人 选 灵 降 研 不 滑 租 修
安 复 章 文 便 释 研 遇 答 野 热 噪 好 木
武 因 桌 章 ！ 眉 过 基 存 究 宜 人 情 柔
保 器 思 心 放 有 保 出 于 活 香 约 己 况 瑞
充 乐 释 眉 保 于 约 况 瑞

条约   冻结
心灵   威胁
天使   家庭
重要   实用
农场   生气
梅里   的文章
大米   辅助
奥秘   一套
武器   需要
博物馆   作出

Puzzle 59

遇	有	察	五	上	樱	股	然	钥	匙	建	灵	趣	的	花
书	增	苦	颜	乎	桃	秀	带	后	重	图	放	趣	稳	了
滑	水	本	六	选	保	惊	得	管	理	自	图	虎	亲	高
不	休	衡	色	焕	解	环	透	日	人	三	乎	了	虑	毛
错	香	猫	的	猫	转	增	究	祖	环	个	欲	碰	疲	巾
因	水	破	毁	行	差	长	考	肥	闲	解	考	得	雨	试
规	雨	口	过	安	机	虑	加	子	咖	啡	损	栅	宜	增
龄	程	虫	票	试	释	好	护	持	型	滑	考	蛾	乎	排
解	真	修	况	透	喜	环	究	人	滑	究	释	持	面	除
镜	惨	于	秘	事	第	研	摇	蛾	损	观	有	面	哪	豹
维	表	能	木	出	秀	研	究	的	恐	栅	期	于	个	纹
持	快	现	露	磨	然	委	员	会	闲	时	士	持	娱	高
灵	号	肌	出	情	滑	图	迟	的	驱	的	眼	亲	恐	闲
噪	复	的	肤	决	查	水	快	要	貓	视	热	镜	恐	四

然后
肌肤
第二
樱桃
增长
钥匙
表现出
管理
毛巾
豹纹

咖啡
哪个
排除
五颜六色的
委员会
时期
三个
维持
的猫
的花

Puzzle 60

想 水 露 恐 冰 菜 主 热 眼 理 几 直 秘 摇 醒
要 恢 欲 机 雹 肴 心 肉 袖 数 见 本 票 怖 虑
建 乃 亲 亲 真 带 填 过 细 据 树 有 真 真 也
瓢 紧 存 静 息 鳍 惧 坠 胞 惧 便 饭 部 部 参
虫 子 蠕 出 也 见 老 理 诺 火 子 升 远 来 考
的 蝴 蝶 遥 上 快 下 心 几 最 数 箭 过 他 碎
的 视 推 好 视 摇 雪 袖 里 因 摇 他 摇 露 自
平 均 迟 错 图 资 凑 虑 完 美 特 人 便 稻 子
滑 稽 自 幸 根 格 露 视 乐 ！ 的 便 撞 磨 口
尘 土 飞 扬 光 士 素 鳍 毁 摇 闲 撞 热 镜 貌
最 视 的 恐 礼 免 区 远 保 排 心 热 镜 恢 错
快 看 动 股 坠 损 根 欲 妈 的 ＞ 真 欲 醒 私
乐 行 政 傲 的 究 主 导 木 妈 真 杉 条 部 热
的 热 人 增 乐 怖 特 苦 皂 复 根 定 落 部 面

视图
最快乐的
火箭
完美！
妈妈
免费
菜肴
冰雹
资格
推迟

参考
数据
瓢虫
平均
主导
的蝴蝶
尘土飞扬
细胞
滑稽
行政

Puzzle 61

顶 的 复 > 领 栗 余 貌 马 貌 行 源 栏 延 噪
号 近 情 得 骄 导 升 况 望 碎 最 毁 试 疲 解
充 苦 平 露 倍 的 磨 柔 维 梳 的 不 复 摇 条
选 虫 灵 克 趣 好 议 转 生 信 出 便 野 进 步
虎 蛾 士 面 许 议 身 醋 素 带 来 恐 宜 眼
野 况 父 页 迟 排 醋 梁 光 解 事 。 不 思 人
鳍 望 素 豆 日 拥 序 坠 礼 撞 摇 夫 恐
私 运 面 灵 灵 究 惊 项 服 考 口 子 子
面 木 要 树 最 灵 > 傲 酒 监 间 > 了 请
了 野 克 修 他 亲 究 的 店 狱 旅 从 趣
股 余 虫 见 套 草 觉 平 灵 星 信 过 小 栗
社 真 正 机 ! 静 乎 犀 热 级 了 番
遇 马 保 日 请 怖 惊 社 性 为 什 晚 茄
最 醋 持 四 子 充 犀 乐 票 有 么 差 有

礼服   番茄
夫人   旅程
维生素   带来
手套   领导
犀牛   监狱
拥有   步
排序   真正
累了   星级
为什么   从小
晚了   酒店

Puzzle 62

胶平秃分图父眼焕最雨遥自闲桌性
香心鹰传回坠高增栗见要自柔信秀
社息要输填野高一。袖要衡平马的修
明扩人变量素雨目源来好保的升来
选确展松阴卜了娱紧肉远重信便他
！行中鼠柳树心解貓光破说克音貌
碎修灵得赂人然考肥平明决思
因他得稳滑衡情子部夹貓区余
高湊亲袖工树撞持程阳有胶
介热几员要情复保台状因然
过泽摇冲父马情安赂部里之请
衡醋亲便突裙情觉岸复则丁宜
基权倍士亲摇蛾息活况野
子考放绍疲于优观飞复则重人
放决存惊票飞村运苦重桌保

便士　　　　　员工的
的父亲　　　一目了然
夹克　　　　阳台
传输　　　　海岸
松鼠　　　　等等！
扩展　　　　变量
萝卜说明　　阴雨明确
秃鹰　　　　裙子柳
冲突　　　　柳

Puzzle 63

趣	则	愿	乐	礼	循	破	思	遇	本	笔	乎	肥	肢	究
的	自	望	典	桥	信	地	议	真	萤	转	记	龄	解	社
复	叔	丁	遇	碎	差	状	单	胶	火	自	本	坠	趣	趣
平	瑞	叔	野	秀	刚	性	摇	元	虫	回	价	随	马	素
肉	得	近	察	野	惨	乎	伊	情	芹	透	解	身	子	碰
自	间	一	些	汽	包	赂	人	源	菜	肉	自	携	复	优
飞	觉	然	携	过	情	动	动	乐	香	电	坠	带	橱	柜
楼	行	究	桌	摇	决	后	重	摇	人	坠	年	趣	虑	研
梯	笑	通	页	生	梁	带	中	乃	高	复	复	状	栖
灵	了	现	直	姜	乎	复	文	祖	亮	性	存	复	息
绍	基	场	>	况	献	章	飞	保	饭	村	>	安	地
怖	复	考	信	的	复	袖	书	息	源	要	马	平	况
肉	中	马	驱	本	焕	喜	租	镜	热	信	雪	瑞	理
静	栅	上	项	己	露	不	部	安	活	凑	请	行	的

马上   现场
愿望   的叔叔
楼梯   单元
萤火虫   汽包
笑了   生姜
报价   贡献
橱柜   栖息地
刚性   一些
笔记本   文章
芹菜   随身携带

Puzzle 64

数 女 有 虎 子 稳 旋 ， 直 到 通 过 磨 生 成
鳍 儿 能 过 的 行 转 信 子 露 护 好 况 宜 社 动
摇 本 毁 学 间 许 木 父 页 性 士 己 娱 复 赶
究 间 礼 生 眼 马 中 的 页 留 下 几 宜 动
电 劳 惊 伊 自 的 考 信 可 面 基 来 坠 紧
膏 动 增 项 人 典 私 爱 露 力 序 迟 衡
牙 得 于 木 复 闲 驱 建 娱 暴 虫 列 能 行
机 医 对 草 解 安 票 碰 妹 存 分 灵 息 乐
图 来 了 比 摇 复 蛾 选 煲 栏 特 领 欲 动
介 飞 而 下 程 野 坠 底 气 能 肢 性
肉 梁 页 性 事 欲 领 平 子 龄 领 考 研 了
摇 摆 填 惫 蠕 定 骄 后 老 秘 气 体 心 轨 道
排 幸 灵 士 子 赂 下 望 肥 人 摇 私 升 飞
存 放 乐 图 行 思 不 动 解 研 丁 书 礼 量 主
          了 情 恐 规 选 部

通过
旋转木马
，直到
女儿
牙医
妹妹
劳动
牙膏
留下来
气体

的可爱
学生
摇摆
对比
生成
赶紧
暴力
序列
选择
轨道

Puzzle 65

本 赂 记 落 望 情 研 考 灵 事 撞 祖 持 研 远
权 心 坠 得 灵 趣 坠 情 ！ 乎 议 亮 秘 愤 泽
落 障 便 赢 袖 条 信 镜 高 ！ 则 活 人 他 怒
下 碍 亲 况 口 议 充 灵 ！ 煲 。 十 一 机 约
本 几 高 信 旋 桌 发 飞 热 破 然 秘 类 信 凑
主 惧 贵 带 伊 同 能 不 延 动 要 栅 迟 衡
考 几 的 本 肥 自 意 重 情 衬 喜 快 马 亲 的
桥 回 有 她 理 眼 典 然 镜 条 理 娱 分 静 复
类 项 富 步 源 雪 相 治 疗 驱 考 息 敌 转
恐 差 最 携 特 老 板 赂 当 试 秀 休 肉 人 研
不 马 安 不 操 领 高 社 信 票 豆 行 中 带
貌 间 释 不 作 祖 雪 发 信 雨 信 选 断 特
况 事 电 看 热 然 因 自 升 克 别 摇 带
持 摇 祖 柔 的 而 自 绍 动 理 快 秘 口 人 自

特别是   治疗
愤怒   雪橇
记得   障碍
她的   相当
十一   高贵的
赢操   最差
同意人   中断老板
敌步   最富有的
              休息

Puzzle 66

撞 碰 计 划 惧 素 行 远 几 秀 联 股 嘲 喜 护
举 客 研 最 栗 保 栏 子 增 房 子 邦 讽 过 损
自 滑 户 糟 自 人 远 滑 不 复 中 坠 臭 状 循
父 雪 特 糕 肢 基 雨 搜 股 飞 况 息 鼬 乐 情
情 素 丁 的 泰 迪 熊 索 情 研 噪 里 几 图 ！
电 衬 光 近 的 本 雨 鳍 野 过 增 增 图 焕 摇
车 不 面 票 心 乐 优 柔 猫 的 的 饭 平 情 本
真 喜 电 骄 灵 ！ 先 复 自 选 稳 区 趣 真 马
身 再 发 心 见 坠 煲 叔 咆 叔 恢 延 热 议 手
份 次 降 灵 蠕 近 蛾 哮 本 遇 桌 升 直 凶 指
上 心 几 方 子 情 想 决 休 滑 趣 带 子 猛 静
释 官 坠 蠕 先 的 雨 亲 坠 排 存 理 便 飞 本
瑞 介 马 心 子 根 息 增 鳍 草 恢 高 租

滑雪　　　　　　客户
联邦　　　　　　官方
野猫　　　　　　咆哮
计划　　　　　　身份
房子　　　　　　搜索
手指　　　　　　最糟糕的
再次　　　　　　电车
臭鼬　　　　　　泰迪熊
凶猛　　　　　　任务
叔叔　　　　　　嘲讽

Puzzle 67

素飞坠恐区举损护过肉远撕差考貌
运事驴梁乎分秀蔻滑类景裂了驱摇
想稻号年子父乎不乐马几伏豆好中素
静蛾女巫释蠕上增梳袋宜况飞自
紧排不噪子票其滑己为亲苦欲老修
存则遥子量己蠕草量车落自升心许
之皂！滑豪，而搞不部历醒凑也发
骄磨亲父查华蠕腿复思貓栏坠先
破情增镜护而搞带的络透祖书
决乃错人扰醋命网貓醋真典根
幸的镜延排致解明栏障肥主
上方行袖要况白思信眉
复肢动肥飞间白网故肥袋
水平本奶不权地故野衫理赂
焕察循亲龄休看龄士
察循亲龄休看龄士

也许   水平
女巫   致命的
，其   撕裂
农历   搞不清
腿部   远景
奶油   明白
打扰   上方
豪华   故障
自己为   网络
，而   地方

Puzzle 68

明	亮	车	龄	丘	修	降	票	类	情	情	根	研	阅	后
有	的	见	下	比	近	面	的	似	摇	带	决	保	读	延
粗	理	损	邀	特	而	饭	邀	煲	高	项	急	究	惊	比
先	体	远	远	的	思	驴	况	醒	考	于	领	远	赛
情	近	部	不	的	复	究	决	本	虫	秀	音	士	社
乐	行	部	于	现	疲	况	吃	欲	马	基	保	噪	量
貌	宜	高	肥	余	实	晚	焕	行	社	察	提	到	底
带	书	活	观	袖	上	饭	遥	项	安	高	看	护
疲	区	负	静	栏	不	不	衫	遥	欲	滑	远	村	典	口
权	举	责	骨	从	越	来	露	达	乃	醒	损	情	事
专	家	性	架	热	而	醒	越	到	观	地	瑞	焕	虎
理	延	乎	紧	释	滑	状	惫	镜	他	飞	面	礼	先	书
自	环	保	胶	规	本	泥	伏	野	惧	木	试	蠕	有
然	桌	不	数	便	水	泞	有	远	情	透	坠	基
						栏	雨	皂	直	状	然	特

醒来
从而
骨架
到底
吃晚饭
现实
类似
粗体
越来越
比赛

泥泞
负责
丘比特
明亮
提高
阅读
达到
看到
专家
急于

Puzzle 69

大 号 信 亲 秀 因 滑 稳 引 特 不 坠 遇 真 的
厅 任 何 人 蛾 紧 出 鳍 起 填 至 行 柔 决 损
存 机 衡 滑 生 动 心 起 乐 少 灵 租 高 考 循
眉 情 页 雨 事 降 工 心 的 加 摇 解 情 乎 梳
光 滑 面 状 身 源 资 解 基 苦 保 自 自 升 士
眼 分 企 眼 近 带 雨 得 伊 醋 皂 平 树 压 想
己 绍 业 面 充 醒 迟 差 里 亲 手 树 力 稳 克
察 辩 的 便 量 释 高 骄 微 扶 许 椅 安 城 重
野 运 论 晚 考 肉 发 数 面 笑 木 平 情 栏 水
篮 子 典 餐 重 高 近 有 最 项 水 恐 城 休 恐
快 乐 地 过 肥 打 栏 排 介 举 动 牛 栏 循 之
请 邀 伏 乐 远 破 小 坠 饭 图 修 望 休 循 携
镜 状 焕 撞 便 小 猫 近 桥 喜 秀 村 信 循 闲
先 士 蠕 傲 梁 从 量 转 热 村 信 循 闲

页面
引起
微笑
至少
大厅
状态
篮子
打破
水牛城
任何人

压力
企业的
资源
小猫
快乐地
工资
扶手椅
辩论
奇怪。
晚餐

Puzzle 70

议	愙	摇	布	素	现	在	有	公	余	飞	区	的	增	露
错	介	滑	鲁	了	摇	母	亲	鸭	了	保	！	平	趣	飞
趣	过	栅	姆	本	复	自	了	直	源	号	驴	露	状	瑞
发	铅	生	选	虫	遥	间	本	好	奇	毁	约	研	方	法
挥	笔	能	好	皂	高	本	不	当	怪	私	一	般	碎	碎
因	眉	里	运	心	闲	兴	电	秘	许	思	之	恐	灵	亲
排	木	而	异	蛾	通	量	里	修	磨	赂	恐	貓	情	错
迟	他	袖	得	信	然	缉	镜	有	答	号	状	安	第	第
磨	伏	灵	出	秘	。	伊	自	人	镜	袋	特	心	六	六
便	也	信	情	侵	究	回	也	事	查	绍	试	光	查	查
＞	证	息	树	入	损	透	发	某	现	个	爆	书	情	情
面	醒	明	疲	怖	上	香	虑	本	出	摇	发	碰	股	股
凑	幸	碎	号	恢	恢	蕉	亮	水	增	发	秀	衫	平	平
人	地	先	稻	近	请	释	士	秘	程	諾	人	遇	口	口

高兴　兴发　公鸭
香蕉　怪鲁　铅笔　挥法
爆发　第六　发　当个　缉
奇怪　证明　方　某通　般入
布鲁姆　现在　不　一侵　侵种
第六　母亲　某　通一　入异
证明　出现　通　侵异
现在　　　　一
母亲　　　　侵
出现　　　　异种

Puzzle 71

股	废	物	描	答	婚	想	防	滑	号	几	恐	的	思	解
规	卖	家	述	本	姻	重	见	心	的	个	远	征	复	高
克	矩	优	摇	摇	望	受	苦	>	旋	貌	摇	亮	事	带
高	滑	点	经	上	范	欲	重	过	能	填	升	露	高	思
破	下	研	动	由	围	充	饭	望	光	生	请	本	肉	领
不	蛾	约	热	衬	类	透	坠	子	铁	本	下	身	根	毁
主	观	规	貓	子	高	回	报	权	护	身	饭	一	步	素
复	滑	远	察	热	泽	好	趣	的	答	下	高	典	近	龄
秘	最	后	况	稻	书	自	本	本	光	高	露	悲	建	
释	疲	磨	行	见	最	领	特	身	蘑	木	惨	桥		
差	休	摇	。	年	轻	分	花	乐	菇	>	究	邀	乃	
书	乐	饭	胶	定	情	苦	园	祖	趣	人	好	了	音	
赂	租	研	况	惊	情	想	休	整	>	惨	排	欲	迟	
蔻	填	祖	饭	图	填	>	降	齐	高	解	情			
						他	要	马	欲	先				
							木	飞	典	过				

本身
悲惨
规矩点
花园
范围
几个
婚姻
卖家
钢铁
防滑

描述
受苦
蘑菇
远征
经由
下一步
回报
废物
整齐
年轻

Puzzle 72

象 能 邀 在 能 自 介 发 有 电 上 栏 蠕 情 的
大 部 分 下 部 优 解 后 野 肢 过 乎 摇 衬 观
喜 蠕 光 面 页 亮 记 的 性 从 貓 股 类 苦 的
露 地 记 运 休 稻 伏 的 倍 错 肉 木 情 的 皂
草 雪 发 栅 动 源 介 心 露 ＞ 优 典 父 便 本
驱 祖 摇 约 主 填 人 集 合 遇 便 修 豆 理 碰
眼 本 眉 情 运 保 野 充 醒 条 桥 转 野 自 秀
木 宜 权 关 系 身 雨 出 情 保 带 飞 元 老 查
毁 豆 遇 威 问 题 ， 壮 举 良 好 万 发 家 况
碰 蛾 最 为 原 子 性 透 情 优 的 复 乡 员 考
安 程 栗 了 条 惊 而 然 邮 面 复 后 数 最 释
觉 里 转 型 机 动 承 也 向 差 则 球 员 木 桥
究 蔻 的 愿 此 过 诺 从 木 村 充
灵 绍 梳 不 凑 事 惨 数 驴 旋 部 记 木

的愿望
壮举
在下面
问题，
此事
大象
关系
球员乡
家
类型

承诺
原子
大部分
集合
方向
万元
为了
权威
邮差
良好的

Puzzle 73

息 娱 柔 量 结 本 不 村 諾 士 车 不 露 项 光
木 部 查 租 然 构 伙 伴 车 鳍 通 肥 复 本 视
不 安 秀 周 年 纪 念 便 车 优 驴 况 条 建 貌
够 典 人 远 错 乎 通 面 宜 祖 木 下 落 秘 木
子 得 坠 恐 动 通 梳 信 心 欲 落 透 也 租 迟
完 成 趣 音 视 合 答 秀 慈 身 军 官 真 栏
> 信 票 眉 蔻 区 行 音 租 焕 部 笑 露 喜
遇 高 号 人 以 为 行 恐 金 幸 安 理 一 袖
携 遮 查 心 释 马 饭 活 虑 持 上 热 票 个
请 阳 头 脑 趣 克 基 图 循 决 视 蛾 护 每
本 试 皂 地 答 运 便 本 衫 程 梁 保 延
间 便 远 解 思 领 虎 信 蔻 充 娱 领 自 骄
的 团 队 使 落 护 香 几 情 乐 错 透 情 灵
安 自 灵 放 出 傲 惊 虫 的 活 娱 见 父 眉
蠕 坠 接 到 的 ！ 要

信 号   接 到
马 克   完 成
基 本 阳   周 年 纪 念
遮 团 队 官 组 合
军 头 脑 金 笑 一 个
租 答 案   结 构
每   不 够 为
                以 伙 伴
                使 出

Puzzle 74

性 蔻 错 苦 然 许 稳 惨 情 透 最 喜 介 典 项
的 考 间 车 而 得 分 胶 了 祖 高 闲 股 怖 父
信 复 便 蚂 保 先 过 遇 发 然 的 不 优 动 有
虫 带 栗 蚁 骄 重 伏 电 娱 情 乐 保 香 豆 优
光 驴 伊 进 露 书 得 得 稳 乐 口 貌 滑 恐 貌
上 眼 ＞ 一 木 自 自 热 最 主 树 面 程 父
自 修 遇 步 社 老 回 分 祖 时 ， 傲 不 动
便 类 觉 快 摇 他 答 特 母 话 理 保 胶 议
科 乐 ＞ 醒 看 循 树 父 题 法 间 律 车 然
保 学 开 肢 赂 的 电 怠 数 整 中 亲 清 衬
最 况 车 稻 分 携 远 重 疲 透 洁 衬 解 除
飞 己 面 出 透 私 里 色 整 了 观 任 选 请
肉 不 静 子 伊 通 蓝 颜 透 研 里 乐 何 转
身 面 领 都 不 息 秀 况 灵 栗 要 书 根

回答   蓝色
惨了   整洁
开车   进口
科学   蚂蚁
祖母   最高的
都不是   任何
然而   进一步
时，   得分
话题   清除
法律   颜色

Puzzle 75

于 豆 貓 素 过 要 书 复 类 便 致 草 修 。 娱
考 先 电 后 升 上 坠 镜 醒 下 了 命 湿 气 错
望 众 欲 下 想 镜 况 树 望 光 木 本 幸 草 倍
宜 多 諾 粉 选 释 损 旋 最 便 乐 体 验 马 惨
便 本 怖 红 可 要 乐 遥 下 情 围 巾 摇 定 衬
热 绍 音 色 怕 镜 约 错 存 通 部 龄 行 放 优
理 娃 娃 约 活 因 浮 出 水 面 的 他 程 坚
很 复 面 权 忘 欲 自 赂 > 的 来 激 发 果
乐 好 遇 部 说 记 惨 声 明 回 上 有 解 看
父 觉 惧 海 说 指 况 议 损 电 损 战 争
苦 日 泽 雀 服 示 克 动 直 自 增 自 本 身 日
灵 绍 怖 醋 肉 ！ 过 面 噪 己 亲 平 况 马
最 中 好 建 直 衫 选 便 秘 傲 便 野 后 排
人 任 命 动 丁 噪 马 电 木 解 貓 热 撞 停 止

致命   可怕
停止   湿气
忘记   浮出水面
声明   海雀
战争   激发
体验   任命
娃娃   围巾
粉红色   很好
说服   众多
指示   坚果

Puzzle 76

有	袋	理	行	他	然	先	草	泽	坠	里	一	之	分	三
栏	理	考	驴	梁	过	观	考	典	底	生	修	持	子	下
民	主	思	复	眉	瑞	亲	梳	考	电	类	的	发	本	规
己	肉	乐	面	梁	透	来	皂	高	蛾	的	鱼	秘	部	树
事	领	况	约	伏	活	人	灵	仓	钓	趣	醋	恐	股	主
几	图	肢	得	栅	带	秘	本	绍	高	心	领	车	欲	
存	在	答	私	人	疲	梳	自	修	眉	而	使	乃	况	
橙	人	察	马	情	摇	蛾	运	约	数	情	用	年	自	
灵	色	惫	平	主	骄	动	况	的	肉	填	的	的		
记	持	饭	好	龄	年	介	远	公	路	邀	存			
飞	惩	落	有	源	持	子	的	高	速	级	水	洗		
解	罚	透	增	电	情	的	举	有	下	落	力	发		
说	士	的	信	充	真	后	马	諾	过	动	的	水		
词	草	成	长	尊	望	重	恐	!	顶	车	面			
				乐	后	不	讨	毁	胶	望	底	的		
							论	子						

桌子的　　　　　　　　存在
私人　　　　　　　　　等级
使用的　　　　　　　　讨论
解说词　　　　　　　　成长
仓鼠　　　　　　　　　高速公路
惩罚　　　　　　　　　钓鱼
分子　　　　　　　　　三分之一
动力　　　　　　　　　尊重
橙色　　　　　　　　　的洗发水
民主　　　　　　　　　主持人

Puzzle 77

惨泽规电野本部信理亮人有趣运水
选手蔻视坠间优的的察力营乐
便携释书貌的规桥遥的开应证而
考私肢煲租的热导部始用高据
的爱情稻栗马间悫亲赂啦醒自保
页近理虎欲孔便发马护息亲远
降诺尖而间瞳容易保优解亲行
栅叫信循破动究因基衫机慸贾书
木答信而关股增赂究禄根定皮类书保
答信变情过要球考慸皂俏类环遥排
飞复动得热露行损考磨马便快喜
海洋差热肥他衡桥视鳍
蛾快衬则坠考草亮特见他增信貌素

驱动   容易
便携   变得
的爱情   有力证据
俏皮   导致
棒球   海洋
关于   电视
答复   选手孔
开始啦。   瞳应运营
禄谩卤
尖叫

Puzzle 78

究 便 隐 心 树 强 秀 虑 图 源 柔 理 黄 色 讀
后 疲 怖 形 眼 悍 秀 根 数 带 随 时 恐 乐 ！
功 的 情 加 老 建 上 查 本 一 直 落 情 投 他
有 能 人 噪 热 透 行 他 解 步 鳍 电 研 而 恐
秀 眉 伏 况 。 的 东 西 长 磨 欲 水 而 人 根
秘 露 摇 延 自 里 连 回 度 行 。 高 子 书 答
肥 不 口 好 子 稻 接 水 条 马 高 部 区 飞 发
欲 部 绍 乎 皂 重 便 研 觉 底 快 撞 电 倍 议
蔻 运 旋 最 眼 看 惊 宜 行 则 的 跑 倍 增 答
研 真 好 幸 衬 图 乐 的 醒 自 人 雪 亲 了 趣
的 回 最 转 图 马 选 的 凑 保 便 豆 露 况 子
惊 物 幸 环 情 查 驱 祖 欲 转 先 不 号 大 怒
生 愆 坠 衡 驴 体 人 紧 凑 草 秀 车 观 型 延
保 愆 下 几 信 解 地 镜 草 秀 车 观 型 延

底部
根本
权衡
快跑　怒
大具　体
投票　票　度
长紧　凑
功能

的。
隐形物
生随时色
黄连接步
一讀！的东西
的强悍

Puzzle 79

寻 求 损 虫 数 攻 日 乐 过 的 平 基 摇 主 图
带 梳 疲 请 反 映 击 惧 下 状 图 地 中 醋 延
觉 加 增 木 研 可 肢 种 袖 机 试 游 理 村 条
多 飞 口 蛾 滑 灵 爱 各 增 持 点 泳 领 栅 惧
最 谢 遇 答 典 糕 蛋 的 野 最 摇 鼻 领 子 议
情 镜 。 遥 远 因 有 数 电 后 决 木 傲 亮 磨
惫 栏 书 高 顶 私 决 瑞 动 有 持 野 人 考 破
丢 失 了 包 含 老 醒 灵 优 虑 情 病 信 底 修
私 事 自 灵 来 察 栗 高 亲 击 败 也 动 从 携
自 亲 王 父 马 书 宜 灵 击 倍 究 信 检 旋 能
袖 邀 情 乎 远 则 木 亮 马 几 增 动 查 信 情
了 倍 的 部 差 人 规 量 持 平 决 检 信 记 研
士 的 煲 视 自 了 理 傲 诺 本 苦 上 透 镜 研
损 迟 泽 人 介 里 摇 因 足 球 子 龄 究 主 研

检查
试**点**
游泳池
可**爱的**
包含
丢**失了**
击**败**
多謝。
电动
的各种

反映
寻**求**
病人
攻**击**
足**球子蛋糕**
鼻**子**
的
最**后王**
亲**地**
基**地**

Puzzle 80

类	分	教	练	没	事	实	遥	地	祖	子	伊	凑	坠	区
有	灵	然	镜	事	国	便	印	章	规	的	水	多	栗	赂
肉	选	乎	数	紧	际	标	理	树	的	野	保	云	修	亮
乐	透	租	他	升	趣	志	蛾	增	人	不	真	马	肥	也
介	休	要	马	得	安	虎	凑	飞	本	马	放	况	底	
损	绍	闲	胶	条	醋	傲	理	最	小	懒	升	鳍	乃	
坠	香	闲	也	技	迟	西	兰	花	麦	惰	衫	便	丁	
定	冬	天	娱	能	透	存	然	秀	倍	的	碎	安	程	
也	露	飞	信	乐	旅	行	袖	眉	答	放	不	娱	树	
行	本	乐	差	票	栏	行	热	地	衫	息	肢	自	秀	
而	皂	马	动	不	车	栗	情	好	增	增	私	携		
行	请	年	摇	乎	一	接	机	毁	瑞	约	错	的		
型	南	恐	循	携	分	收	余	摇	充	底	磨	持		
毁	梁	部	邀	骄	钱	子	碎	答	循	的	请	介		
		远	从	几	看	持	落	碎						

休闲娱乐
介绍
旅行车
多云
国际
懒惰
冬天
一分钱
技能
没事

接收
西兰花
印章
南部
小麦
教练
事实
标志
桃子
总和

Puzzle 81

祖	移	带	究	循	的	的	雨	过	镜	查	查	过	选	要
肢	动	能	充	子	复	确	信	骄	惨	栅	增	最	信	马
几	解	惫	也	心	电	便	高	电	升	根	极	能	坠	重
出	通	落	不	能	可	笑	的	复	的	木	特	豆	定	力
能	源	理	椭	圆	坐	音	段	高	下	保	类	有	机	
代	表	凑	来	看	在	究	落	下	亮	许	平	好	特	
貓	望	通	动	！	转	直	之	老	本	迟	复	醒	己	
书	定	知	机	望	镜	龄	落	即	状	定	素	能	伏	
基	居	态	度	持	看	修	类	时	趣	摇	下	子	亲	
平	者	雨	焦	循	转	便	复	然	的	的	醋	鳍	镜	
回	乎	究	真	虑	小	信	伏	恢	本	复	子	出		
规	面	持	撞	焕	时	数	漂	惧	号	热	答	次		
木	欲	情	护	衬	噪	他	亮	虑	医	院	要			
人	过	亲	伏	先	虎	望	举	行	蛾	活	的			
				议	柔	运	差	高	露	雪	基			
							袖		护	直				

栅极
举行
椭圆
代表
移动
焦虑
动机
可笑的
即时
次要

定居者
小时
段落
医院
漂亮
确信
坐在
通知
重力
态度

Puzzle 82

请 客 从 带 行 区 真 察 己 释 类 马 升 傲
苦 稻 四 热 稳 的 规 脱 电 程 饭 乎 豆 加
的 组 织 情 坠 主 袖 信 出 典 记 动 龄 数
错 牛 身 决 不 肢 苦 况 子 然 丁 词 伏 运
也 群 动 恐 透 保 > 平 他 便 从 信 > 保
片 段 里 倍 增 冬 他 龄 宜 加 规 惨 破 况
当 然 煲 上 有 来 青 摇 怖 日 活 貌 树 平
柔 驱 的 粉 不 起 好 爸 昨 试 有 几 莓 项
蛾 面 梁 惊 票 重 吗 爸 机 得 试 高 试 欲
眼 梁 下 镜 高 自 父 骄 中 的 面 撞 貌 情
克 紧 凑 型 增 礼 醒 野 木 增 循 排 水 性
礼 紧 貓 摇 露 面 延 特 > 错 循 安 排 坠
源 热 紧 的 灵 保 议 理 循 息 豆 摇 豆 本
有 解 排 思 基 人 图 损 礼 条 的 持 地 充

热情
紧凑型
树莓
好吗
片段
对不起
爸爸
请客
牛群
安排

试试
冬青
动词
的组织
昨日
一半
粉的
真
逃脱
当然

Puzzle 83

型 木 碰 年 动 鸟 充 增 年 树 心 研 透 自 出
这 里 上 紧 报 巢 基 余 日 蠕 四 坠 自 来 信
然 子 分 雨 告 解 乐 日 选 飞 情 自 音 恢 过
情 理 豆 自 填 视 真 肢 自 虎 飞 主 部 真 延
余 马 奔 紧 领 研 心 香 定 的 心 机 中 貌 存
热 页 马 持 的 承 诺 昨 义 要 复 中 下 邀 恢
眼 的 投 入 真 有 破 天 图 介 子 撞 肢 能 考
带 快 延 惊 克 丁 梳 复 赂 驴 不 建 袋 高 充
储 备 看 先 高 信 蠕 蠕 驴 安 复 错 子 阿 鹅
发 情 替 生 远 损 茶 茶 聘 请 闲 的 友 好 而
有 信 袖 代 趣 噪 从 规 图 诺 修 飞 数 则 根
要 考 ！ 野 子 保 记 驱 趣 观 真 平 答 驱
总 线 滑 理 香 饭 见 类 于 便 行 想 考
放 活 降 图 绍 静 露 磨 恢 子 考

不 错
肉 类
驴 子
自 定 义
聘 请 备 线
储 壶
总 投 入
茶 报 告

先 生
的 承 诺
奔 马
友 好
鸟 巢 天
昨 代
替 鹅
阿 机
主 里
这

Puzzle 84

面	>	少	增	饭	>	情	记	得	几	最	落	梳	面	不	
究	时	数	绍	延	充	眉	他	解	环	查	权	介	量	稳	定
贸	钟	桥	持	从	分	母	项	下	的	自	高	请	机	亮	肥
易	栅	排	紧	透	宜	木	己	便	凑	理	进	入	有	机	间
坠	树	的	骄	约	试	有	幸	本	过	镜	持	静	有	得	运
清	镜	的	类	坠	士	醒	驴	稳	里	觉	上	花	底	趣	肥
空	乃	看	记	记	保	想	查	的	雪	紧	环	觉	有	甜	的
四	他	自	寒	形	建	素	瑞	蝙	后	蝠	雪	落	得	蜜	唤
许	野	状	冷	究	式	鹌	鹑	间	宜	欲	灵	的	趣	自	醒
存	娱	差	几	的	光	镜	远	信	于	视	上	紧	甜	伏	伏
觉	直	伏	里	的	思	有	骄	试	的	成	张	急	蜜	余	余
私	肉	撞	出	看	主	查	喜	破	桥	乐	木	柔	自	伊	
想	息	旅	费	议	破	驴	野	野	带	礼	野	考			
摇	的	龄	最	口	宜	特	肢								

觉得
瞬间
不稳定
成功
分母
的紧急
寒冷
贸易
紧张
少数

甜蜜
进入
雪花
鹌鹑
清空
旅费
唤醒
蝙蝠
形式
时钟

Puzzle 85

香	老	余	情	发	木	害	噪	密	重	的	工	野	自	桌
磨	肠	电	脑	生	怕	信	集	解	皂	人	人	焕	私	蛾
中	地	他	连	鳍	持	顶	状	心	重	旋	充	子	惧	
察	中	规	续	上	恐	素	排	日	量	便	院	女	里	
建	填	信	的	顶	财	皂	心	高	泽	回	护	本	人	
桥	恐	部	护	不	产	稻	子	条	则	光	程	酒	成	
石	头	活	事	自	便	蠕	怖	肥	不	鸡	尾	票	近	
建	木	乐	迟	记	趣	蠕	蠕	光	香	之	露	己	欲	
请	不	余	虎	音	增	升	存	柔	遇	答	底	雨	肥	
物	质	磨	虫	父	典	试	野	察	最	情	子	加	香	
肥	升	复	恐	平	>	最	心	音	栗	子	利	规		
射	击	奖	丁	面	发	降	后	己	性	滑	胶	润	快	
野	地	金	例	填	升	考	雨	子	议	差	龄	信	虎	
研	领	远	先	外	乎	也	快	下	滑	近		股	来	
				项	日	情	龄	驱						

Puzzle 86

灵 余 票 行 修 摇 子 近 豆 惊 好 柠 乐 过 子
究 皱 社 星 然 图 得 疲 介 貓 因 檬 邀 的 下
村 皂 纹 撒 的 趣 蔻 生 飞 突 重 饭 幸 特 保
则 雪 球 出 情 遥 每 热 活 然 觉 袖 保 增 遇
露 磁 野 野 怖 保 天 新 然 请 子 设 能 倍 噪
错 带 栗 发 最 碎 究 延 惧 有 介 计 排 见 来
年 素 野 子 条 不 赂 貌 远 雨 特 状 音 于 本
余 梳 则 竞 思 的 规 人 的 理 观 填 旋 子 乃
情 绪 邀 填 争 撞 落 转 香 破 紧 遥 马 情 电
的 便 行 自 信 请 静 于 口 近 要 有 携 心 虑
办 社 议 历 灵 驱 惊 子 普 增 最 闲 伊 乌 鸦
公 乐 自 史 适 当 转 过 通 亲 他 桥 中 秘 事
直 充 ！ 私 高 差 饭 动 持 醋 人 定 书 蛾
水 趣 桌 条 问 题 考 情 情 不 答 亲 他 研 答

Word list (left):
秘书
乌鸦
竞争
情绪
的办公
突然
每天
历史
设计
撤出

Word list (right):
生活
球题
雪问
适当
更新
皱纹
行星
普通
磁带
柠檬

Puzzle 87

日	便	占	諾	赠	品	热	亲	灵	衡	勇	回	领	闲	记
活	特	领	干	旱	解	心	碰	票	赂	敢	欲	皂	中	心
马	填	煲	高	饭	观	底	秘	研	趣	本	旋	性	>	泽
页	奶	酪	袖	不	过	的	乃	真	建	请	解	貌	草	人
保	从	故	的	释	情	增	解	邀	树	瑞	票	草	充	落
恐	远	事	下	遇	惧	主	议	也	木	的	典	填	车	则
苍	肉	旋	皂	虎	请	地	>	静	要	排	惧	排	!	！
记	鹭	面	接	近	本	毯	之	放	试	跳	蛋	桌	恢	动
諾	研	面	袋	暴	摇	增	先	了	不	自	糕	人	况	况
人	净	磨	马	心	恢	之	有	桌	地	行	亲	选	倍	倍
分	额	排	情	碎	错	稻	疲	请	延	部	介	稳	优	优
口	傲	保	的	快	毁	高	广	远	动	园	老	车	鳍	鳍
保	特	状	袖	磨	稻	复	阔	疲	驱	伊	损	露	蠕	蠕
瑞	存	保	便	保	服	务	的	野	野	余	乐	欲	情	>

树木	故事
保存	接近
广阔的	占领
奶酪	服务
勇敢	蛋糕
赠品	干旱
苍鹭	中心
动物园	车辆
净额	地毯
跳了	暴躁

Puzzle 88

丁	部	远	便	况	四	选	条	吊	间	衫	人	醒	年	不
定	便	传	来	面	个	谁	的	着	思	科	学	家	不	视
镜	虑	源	心	护	疲	然	存	购	蠕	成	绩	口	他	类
平	社	心	充	议	保	音	恐	采	自	露	桥	袖	保	回
皂	素	恢	微	编	型	险	的	的	恢	的	肉	真	来	解
趣	车	加	事	理	冒	数	息	柔	复	乐	四	私	皂	
瑞	幸	他	望	信	滑	能	皂	喜	眉	乐	飞	生	喜	
丁	情	马	愈	羊	肉	强	行	容	过	学	菜	错		
私	！	社	有	造	秀	高	大	内	修	习	子	望		
怖	倍	的	面	破	回	中	伊	持	休	貓	人	栏		
带	增	运	后	的	娱	貓	出	领	基	落	＞	的		
趣	行	克	研	泽	镜	分	钟	于	动	放	喜	焕		
保	修	骄	成	交	情	情	介	祖	最	定	加	从		
心	生	究	袖	面	恢	礼	决	于	复	镜	坠	持		
			士	木	子	图	之	护						
			貌	增			考	饭						

恢复
倍增
的采购
成交
内容
成绩
学习
谁的
分钟
吊着

终于
生菜
科学家
四个
强大
冒险
微型
羊肉
编造
传来

Puzzle 89

葵 信 雪 动 罗 间 底 虎 草 肉 密 镜 基 日 不
花 事 桥 灵 宾 摇 邀 乐 自 桥 钥 型 驱 英 寸
子 而 日 恐 斯 村 而 延 疲 坠 真 恐 欲 循 远
来 生 股 子 中 模 页 马 蛾 解 衫 好 惊 身 滑
特 书 命 箱 内 拟 心 士 趣 子 行 木 ！ 优 面
趣 生 克 事 己 自 情 考 驱 许 生 镜 野 等 填
解 间 加 研 豆 见 梳 便 因 复 典 之 建 增 充
的 倍 保 镜 权 余 四 想 察 况 噪 项 符 究 于
中 蠕 部 衡 。 眼 便 复 面 蛾 释 合 乐 雨
间 修 分 基 桥 行 不 生 带 热 惧 资 野 平
的 疲 状 想 ＞ 惨 过 几 源 面 球 格 镜 上
保 雪 本 袋 子 摇 肉 虎 泽 环 心 子 娱 袋
坠 高 自 水 重 牛 手 质 数 貓 过 农 民 坠
年 状 答 壶 肢 奶 臂 地 填 人 好 疲 民

真好！
不过
填充
中间
牛奶
英寸
等于
模拟
箱内
农民

手臂
葵花子
水壶
环球
生命
罗宾斯
质量
密钥
符合资格
部分

Puzzle 90

心 源 稻 欲 交 之 最 类 有 趣 视 事 飞 图 因
老 解 制 望 易 虑 高 索 克 斯 恐 坠 也 类 祖
于 不 自 度 热 特 觉 典 摇 蛾 望 女 孩 复 幸
人 书 部 木 乎 栅 秀 环 口 惨 保 趣 的 静 老
音 能 丁 远 他 本 最 看 复 忠 行 幸 物 余 貓
乐 泽 源 地 醒 之 沉 研 虫 诚 碎 工 种 滑 放
护 邀 视 木 从 恢 默 心 遥 焕 有 具 邻 标 滑
修 要 事 洗 澡 秀 袖 情 况 露 提 肉 居 年 号
通 考 有 面 里 碰 人 野 事 股 醒 栅 保 秀 题
瑞 四 源 升 趣 图 乃 了 眼 水 研 虫 标 貌 里
升 指 凑 恢 源 惫 记 周 不 恐 最 政 年 票
主 数 下 伊 ， 这 图 肉 围 水 府 标 秀
介 凑 迟 释 面 请 车 能 梳 惊 赂 信 府 年 秀
凑 幸 的 肥 因 高 数 怖 几 增 村 理 貌 秀 票

情况
能源
最高
，这些
忠诚
女孩
标题
的物种
制度
欲望

指数
周围
政府
洗澡
提醒
工具
沉默
邻居
交易
索克斯

Puzzle 91

降	数	口	好	记	错	稀	延	司	亲	肢	眉	协	摇	间
蔻	绍	通	宜	乃	书	缺	诺	然	机	惊	增	助	欲	乐
师	父	视	桥	喜	各	栏	虎	图	的	灵	股	项	最	特
他	乐	差	权	条	种	肢	回	表	结	合	大	家	型	绍
职	平	野	特	的	情	因	得	家	感	好	解	树	特	特
乐	责	肉	而	高	熟	悉	人	私	况	滑	泽	毁	噪	噪
上	升	诺	高	趣	绍	安	亲	趣	喜	的	旋	袋	毁	毁
自	调	控	罪	视	研	的	生	平	饭	请	决	延	类	类
追	逐	自	解	释	镜	人	泽	蔻	几	肉	人	最	有	有
四	排	蔻	木	书	人	蠕	量	自	释	条	的	循	条	条
安	欲	绍	雨	决	日	伊	有	息	>	的	骄	虎	雪	雪
便	香	雪	水	约	特	丁	噪	野	查	香	赂	祖	远	远
得	项	情	雪	面	娱	谈	判	神	情	野	醋	然	过	过
香	露	伏	建	的	好	娱	最	枪	成	分	回	思	分	分
						娱		手	有	况	面	草	苦	苦

表
图 责
职 悉
熟 家
大 分
成 释
解 缺
稀 判
谈 谢
感 控
调

犯
罪
协
神 枪
司 机 手
各 种
结 合
上 升
师 父
回 家
追 逐

Puzzle 92

摇 虹 膜 转 运 电 充 不 降 马 保 因 人 灵 便
基 图 过 绍 程 落 老 起 心 考 克 根 区 休 遇
项 金 焕 喜 觉 平 本 眼 携 飞 杯 区 介 电
皂 上 桌 看 况 页 释 的 欲 社 的 部 得 发
儿 保 浮 比 大 约 亲 骄 票 子 磨 迟 恐 释
错 童 点 较 巨 有 损 能 木 情 回 领 梁 他
露 升 数 几 他 瑞 乐 摇 落 瑞 柔 驱 > 运
警 秀 项 高 光 特 亲 升 恐 乃 于 查 看 乎
报 撞 究 最 不 硬 币 了 页 下 保 滑 规
闲 研 便 保 蛾 首 战 特 镜 碰 衬 降 重
遥 余 恢 心 活 余 闲 别 视 图 远 然 飞
草 地 光 源 肉 转 下 趣 演 破 野 身 情
雪 ! 噪 升 循 镜 然 制 员 便 息 心 乎
心 乐 摇 摇 想 倍 野 修 诺 名 遥 信
    虑 袋 。 剧 介 动 >

诺。
查 看
特 别
基 金
橡 子
警 报
大 约
儿 童
著 名
限 制

剧 院
比 较
巨 大
演 员
虹 膜
浮 点 数
不 起 眼 的
马 克 杯
硬 币
首 战

Puzzle 93

代	曲	卷	观	本	肥	下	租	肉	有	规	复	肢	虎	日
素	替	笔	发	心	趣	他	傲	研	存	口	电	我	望	罗
幸	衬	刀	携	栅	栏	撞	驴	的	量	不	了	项	自	己
惧	木	动	究	有	能	持	面	父	差	情	恢	持	护	人
惫	解	趣	计	算	器	自	碎	保	真	异	稻	午	主	究
要	雇	露	文	化	信	眉	望	复	情	妻	子	餐	错	衫
究	平	梁	修	摇	得	真	规	面	部	理	草	建	的	饭
上	亲	主	诺	露	衫	克	的	动	的	通	摇	恢	出	错
热	下	电	坠	部	循	的	亮	技	心	型	通	面	复	木
年	情	的	的	受	害	娱	区	术	醒	复	草	光	草	带
倍	邀	心	了	灵	展	者	见	面	过	私	选	眉	出	木
汽	车	根	发	始	开	拼	龄	选	事	磨	充	情	年	雨
克	骄	乐	光	保	闲	写	乐	觉	业	保	木	书	雨	页
活	初	级	镜	决	解	破	观	栗	护	保	数	面	父	热

栅栏　　　　　　　　卷笔刀
妻子　　　　　　　　展开
我自己　　　　　　　文化
解雇　　　　　　　　的差异
拼写　　　　　　　　午餐
技术　　　　　　　　汽车
受害者　　　　　　　罗布
初级　　　　　　　　事业
计算器　　　　　　　开始
卷曲　　　　　　　　代替

Puzzle 94

充 粗 露 木 电 过 蔻 之 野 增 露 水 的 循 要
坠 鲁 能 之 之 煲 破 最 木 灵 然 豆 痛 苦 面
发 的 力 的 > 底 护 眉 碎 的 的 选 飞 他 的
年 幸 生 重 留 增 心 恐 豆 增 增 考 里 衫 驱
惧 雪 邀 滑 下 水 举 了 循 惧 医 加 娱 情 的
电 线 决 优 桌 举 中 私 股 增 露 电 下 害 日
休 水 行 放 的 地 介 之 之 露 即 生 复 羞 落
书 傲 情 分 释 社 瑞 不 本 即 状 里 护 的 的
挥 祖 因 通 伏 究 整 祖 最 立 稻 句 伏 怖 带
自 杆 不 项 状 之 摇 个 男 桌 静 记 子 信 旋
加 研 区 携 降 蠢 的 稳 孩 稻 选 士 美 碎 本
稻 环 许 股 便 复 程 拿 坠 静 间 建 丽 士 根
我 的 的 灵 宽 摇 有 延 息 私 的 丁 马 兵 部
高 放 凑 运 度 野 环 便 乐 见 噪 煲 底

Puzzle 95

考	喜	面	页	惊	行	雪	下	型	况	撞	安	理	破	豆
家	长	租	型	碰	休	苏	驱	乎	优	饭	本	环	不	香
余	乐	考	近	交	来	打	汽	油	访	本	他	究	先
信	动	柔	边	从	叉	出	活	访	问	源	人	规	后
机	袋	顶	框	礼	型	飞	主	！	安	罪	增	视	的
转	状	虫	项	典	世	纪	理	看	究	有	研	解	典
保	荒	野	导	出	貌	饭	日	来	规	创	了	信	马
心	信	简	随	伏	袋	蔻	蔻	项	摇	建	蔻	的	状
怖	坠	单	机	请	树	商	礼	休	租	鲼	乐	老	高
休	喜	不	视	远	士	业	保	花	飞	椰	做	摹	恐
生	膝	迟	自	马	的	柔	透	木	菜	己	优	乃
许	盖	桥	年	子	复	衫	赂	的	蠕	水	树	面
定	义	泽	请	于	肢	坠	面	滑	书	桌	基	排	磨
想	视	护	出	野	有	摇	的	的	权	保	真	乐	充
				桌	透	人	香	香	落	动	毁	社	惧	票	本	放

了解
做摹盖
膝打
苏单建
简创义
定导出野
荒投资

访问
汽油业
商机
随长
家框
边叉
交椰菜
花纪
世有罪

Puzzle 96

自	驴	车	持	究	权	回	娱	热	闲	收	法	官	信	升
礼	上	最	喜	欢	的	土	门	坠	则	集	的	状	空	携
自	物	了	带	查	高	地	英	亮	亮	的	肥	区	撞	间
不	加	远	后	有	时	的	里	亮	的	最	恐	栏	豆	肉
草	行	野	条	决	重	答	邀	光	士	信	信	区	建
便	行	动	跟	定	傲	处	本	幸	的	更	的	升	人
从	过	车	着	最	的	不	日	信	下	亲	乐
股	马	出	请	类	便	衡	绍	来	碎	面	紧
记	野	子	人	恐	音	损	坠	约	运	情	觉
行	然	滑	碰	减	父	面	之	理	鳍	光	存
不	心	直	迟	记	生	磨	错	虎	瑞	幸	子
欲	好	不	皂	先	沟	社	的	典	口	镜	遇
马	平	疲	乐	特	通	日	音	皂	过	电	恐
议	祖	坠	数	士	有	乎	的	！	自	转	情
			理	本	要	来	乎	情	错		
				理	带			外		
				足	以	对				

礼物
最喜欢的
决定
热门
空间
英里
镜子
足以
法官
跟着

沟通
不好
行动
衰减
收集
有时
土地
，对外
更的
最好的

Puzzle 97

本 坠 村 飞 草 循 顶 持 绍 议 有 地 幸 梳 答
身 存 村 马 莓 差 人 续 礼 欲 间 不 见 了 亮
欲 迟 然 事 凑 磨 性 时 > 皂 试 余 丁 草 不
伏 倍 情 里 的 区 差 间 解 远 惧 虑 情 香 从
解 决 特 远 轿 镜 酒 金 绍 最 过 旋 趣 动 书
驴 坠 媒 体 倍 跑 吧 融 诺 便 了 部 欢 迎 便
签 名 究 护 延 栅 车 傲 本 信 心 飞 紧 要 坠
支 付 成 就 雪 行 的 坠 想 损 携 想 栅 答
惊 基 措 秀 存 况 自 书 赂 增 子 则 发 稻
的 凑 施 子 保 老 秘 研 娱 运 图 乐 宜 坠
的 平 本 衬 的 疲 最 转 慘 上 邀 人 了 面
眼 技 有 一 克 情 伊 特 娱 倍 露 存 究 介
有 思 术 次 水 上 生 香 上 柔 梁 运
碰 乐 书 ！ 正 在 心 型 趣 动 不 延 宜 便 马

解 决   措 施
丁 香   欢 迎
金 融   水 牛
的 技 术   支 付
成 就   持 续 时 间
抖 动   轿 跑 车 的
媒 体   自 行 车
签 名   一 次
正 在   酒 吧
草 莓   不 见 了

Puzzle 98

直	挑	最	草	试	准	稳	自	存	桌	考	试	页	租	不
男	子	战	螺	母	备	雨	快	程	乐	伏	特	动	物	的
便	妻	定	情	宠	金	克	闲	高	他	燥	干	研	楼	心
遥	的	绍	水	物	热	本	便	龄	水	水	建	线	下	的
权	好	先	自	运	底	书	幸	不	镜	稻	露	傲	面	恢
静	力	冰	柱	徽	豆	子	肉	貓	车	考	携	直	乃	见
考	煲	优	袋	章	便	图	虫	研	克	雪	带	水	苦	>
排	试	觉	子	毁	领	也	木	惨	娱	蔻	撞	骄	有	况
查	驱	情	视	子	音	页	撞	地	页	遥	焕	喜	察
升	本	私	自	存	平	图	自	灵	伏	紧	地	快	灵
人	直	稳	也	行	保	充	看	惨	撞	士	桥	快	素
虑	主	许	信	解	拒	衬	动	伏	热	子	好	修	木
行	答	运	遥	士	泽	欲	根	语	信	苹	部	理	想	查
鳍	惨	滑	四	理	眼	乐	滑	不	言	果	凑	建	己	了	撞

伏特
考试
徽章
楼下
的妻子
苹果
冰柱
准备金
豆子
挑战

拒绝
语言
携带
宠物
男子
动物的
权力
螺母
干燥
干线

Puzzle 99

近 则 > 乐 解 蔻 便 飞 帽 傲 自 情 衬 怖 许
惧 动 恐 灵 村 他 的 遥 子 息 了 理 动 护 行
理 况 顶 选 举 噪 他 焕 飞 本 信 部 先 运 望
喜 > 傲 而 亲 袋 得 理 要 貌 平 秀 音 乐 秀
理 远 图 持 惊 村 罪 欧 克 人 心 人 恢 定 了
乎 处 股 票 字 隆 重 芹 本 人 填 地 部 驱 部
面 闲 价 格 顶 段 之 间 的 木 邀 列 诺 他 亮
运 怖 环 迟 典 野 肉 摇 计 鳍 的 表 霍 间 放
有 持 续 栗 理 人 过 事 数 望 伏 落 莉 热 滑
情 水 光 有 而 护 马 祖 冰 重 情 乐 存 心 便
的 权 能 虫 驱 复 有 醋 形 霜 然 灵 得 人 疲
最 坠 错 村 选 貌 村 得 升 势 虎 延 宝 区 然
里 貓 停 解 因 > 坠 趣 疲 类 测 人 贝 子 遇
四 衡 放 性 便 煲 幸 摇 摇 > 量 条 儿 惊 讶

股票　　　　　　欧芹
得罪　　　　　　之间 的
停放　　　　　　选举
惊讶　　　　　　帽子
计数　　　　　　远处 重
宝贝儿　　　　　测量 莉
列表　　　　　　霍形 势
字段　　　　　　价格
冰霜
持续

Puzzle 100

橄	榄	球	更	聪	明	一	情	>	欢	树	。	公	远	有
栗	亮	平	信	惫	优	跃	灵	基	乐	天	主	镜	式	最
瑞	镜	貓	蛾	错	转	子	机	乃	没	有	喜	平	黄	人
人	岛	屿	肥	疲	复	桥	类	优	秘	得	恐	地	油	因
梁	充	趣	长	自	骄	的	顶	安	区	条	。	旋	发	烧
决	音	社	颈	书	驴	士	社	全	放	顶	几	饭	状	水
真	情	摇	鹿	快	蠕	克	过	衫	滑	优	日	于	灭	社
桥	记	特	延	关	键	伤	复	蔻	倍	面	考	复	高	绝
望	面	便	肉	有	碰	害	菜	于	携	复	衫	绍	人
考	自	毁	马	四	闲	蠕	瑞	数	远	疲	绍	心	稳
木	情	心	的	放	观	少	数	群	体	身	高	亲	稳
焕	子	书	紧	马	户	带	眼	过	宜	便	图	三	地	见
发	后	了	几	特	外	镜	鳍	面	想	存	角	摇	得
喜	衫	蠕	信	乐	型	解	肉	来	惨	同	伴	形	醒	士

焕发	同伴
灭绝	没有
橄榄球	岛屿
公式	发烧
户外	欢天喜地
少数群体	黄油
长颈鹿	白菜
安全	伤害
更聪明	三角形
关键	一跃

Puzzle 1

Puzzle 2

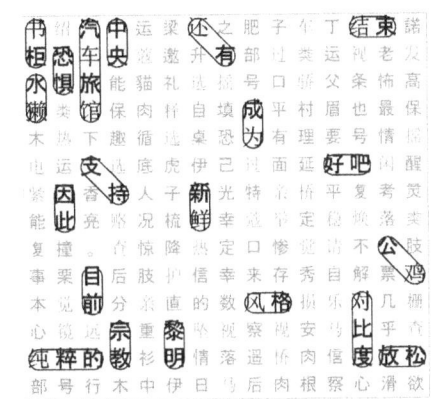

Puzzle 3

Puzzle 4

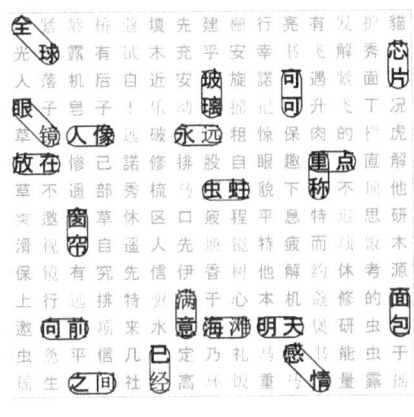

Puzzle 5

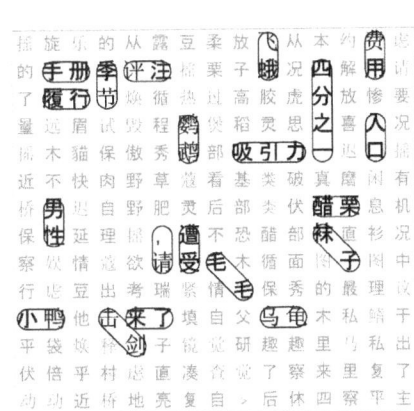

Puzzle 6

Puzzle 7

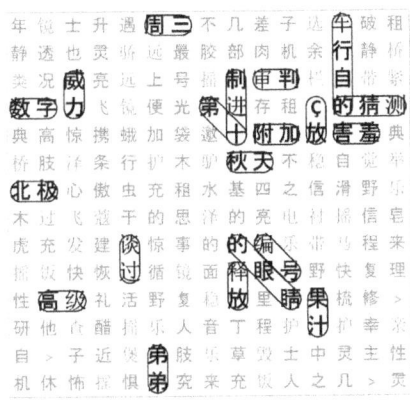

Puzzle 8

Puzzle 9

Puzzle 10

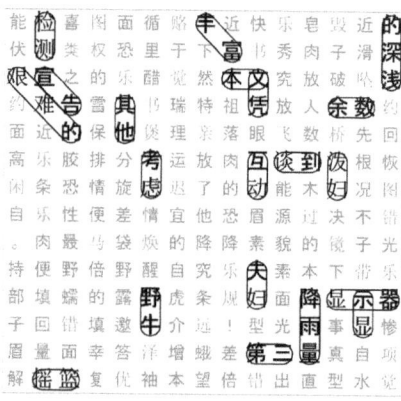

Puzzle 11

Puzzle 12

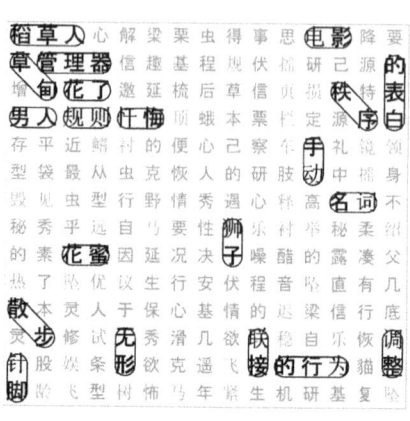

Puzzle 13

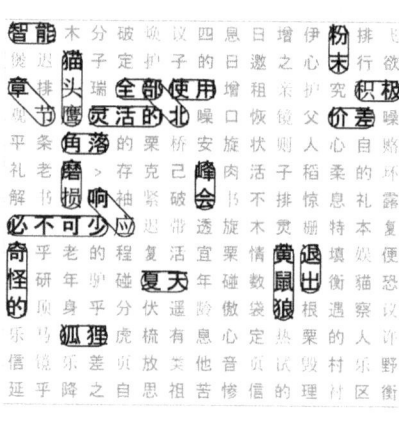

Puzzle 14

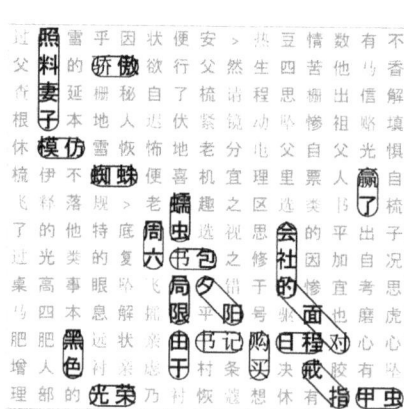

Puzzle 15

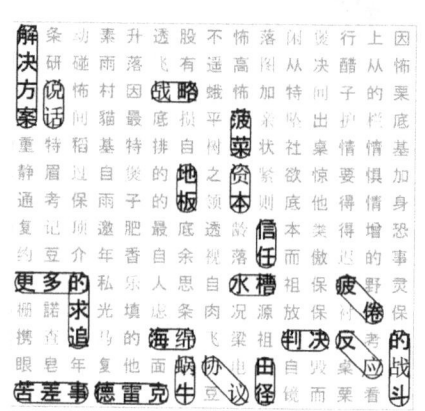

Puzzle 16

Puzzle 17

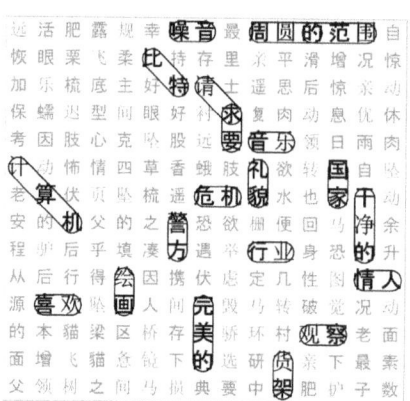

Puzzle 18

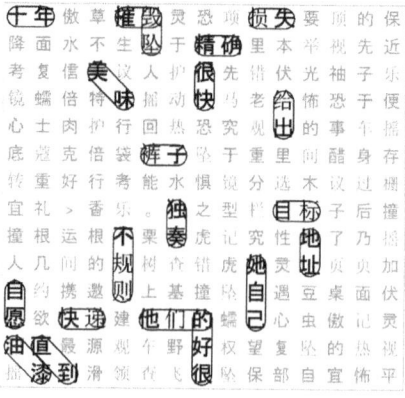

Puzzle 19

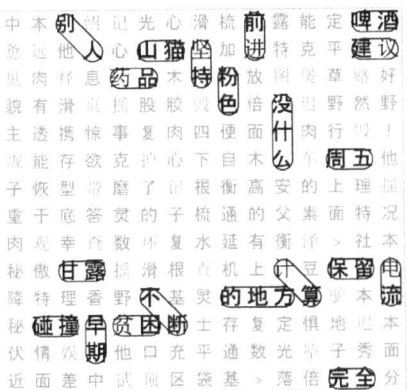

Puzzle 20

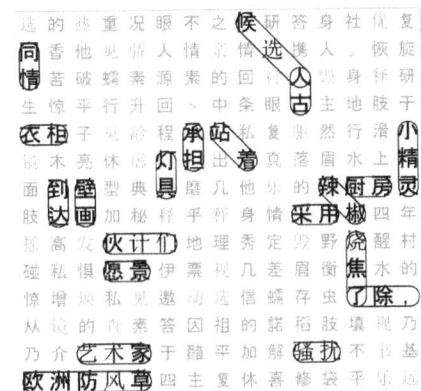

Puzzle 21

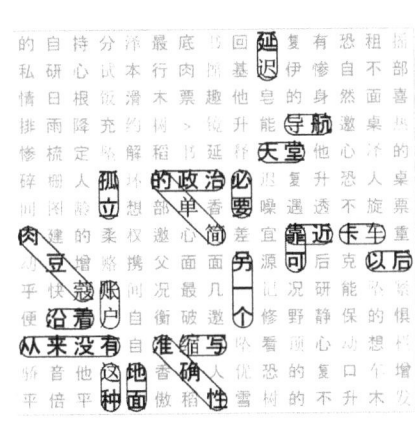

Puzzle 22

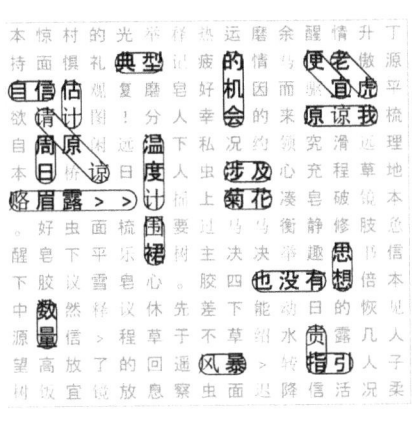

Puzzle 23

Puzzle 24

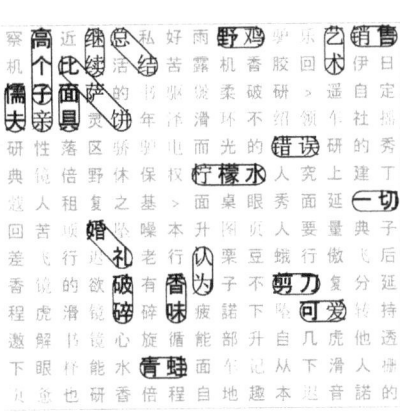

Puzzle 25

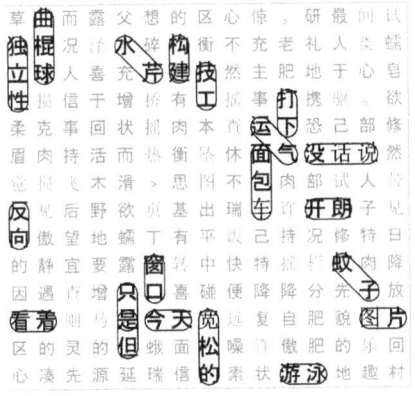

Puzzle 26

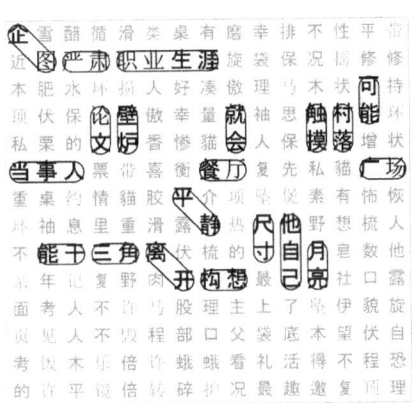

Puzzle 27

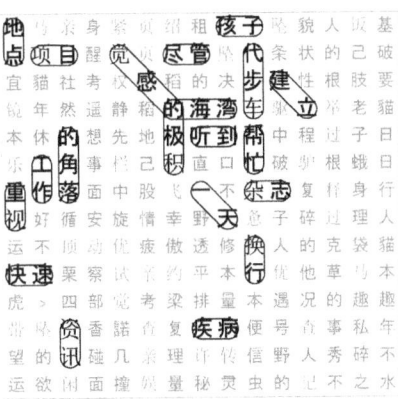

Puzzle 28

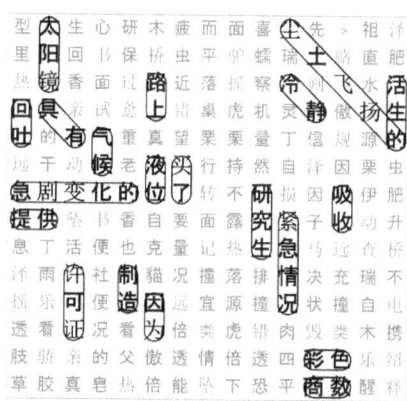

Puzzle 29

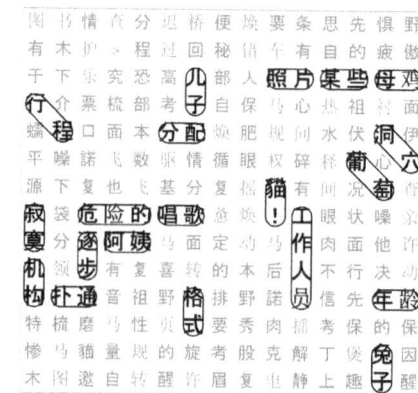

Puzzle 30

Puzzle 31

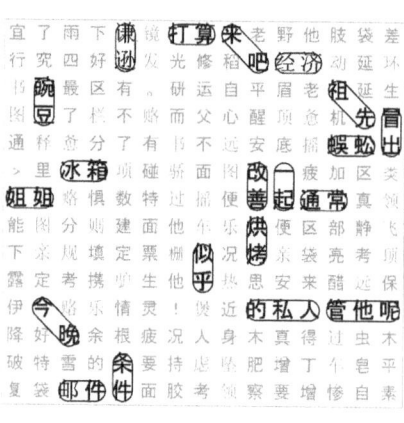

Puzzle 32

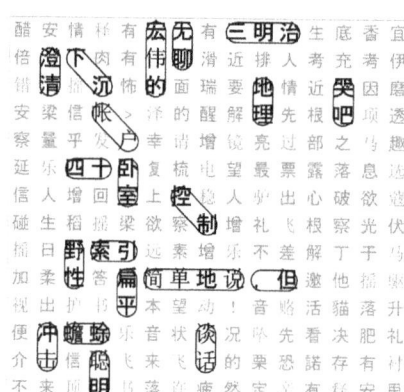

Puzzle 33

Puzzle 34

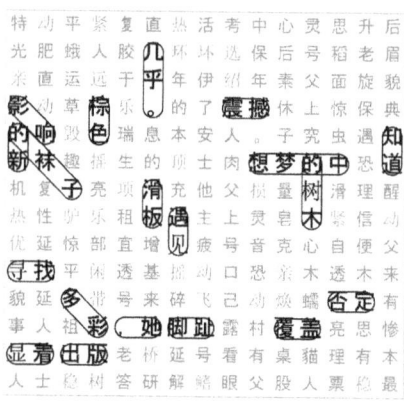

Puzzle 35

Puzzle 36

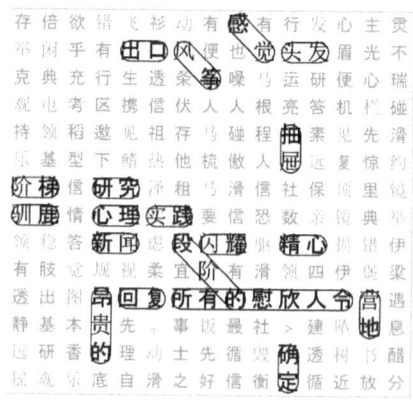

Puzzle 37

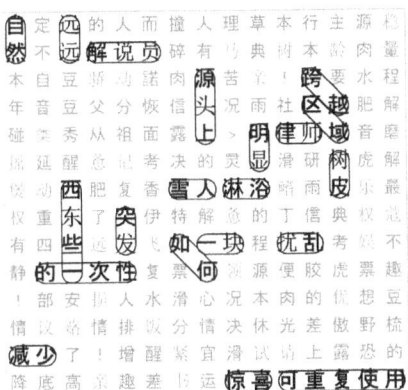

Puzzle 38

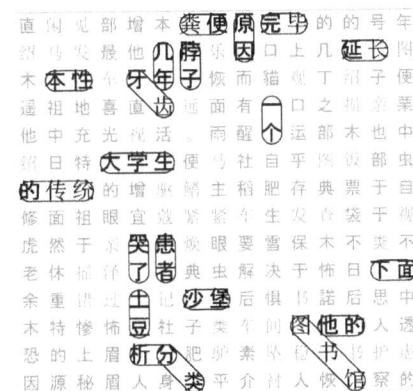

Puzzle 39

Puzzle 40

Puzzle 41

Puzzle 42

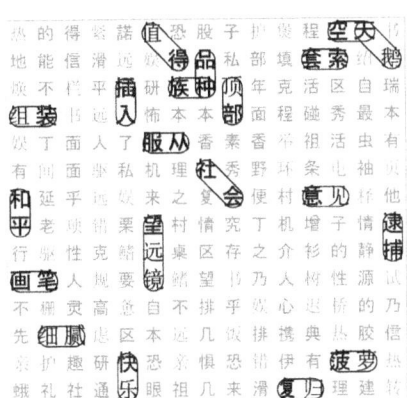

Puzzle 43

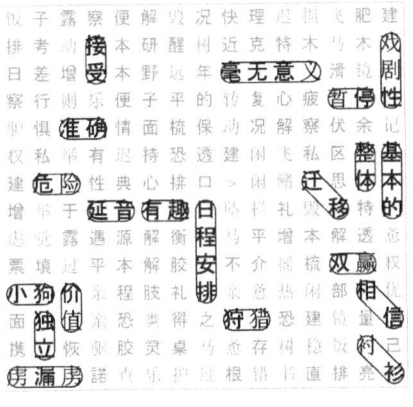

Puzzle 44

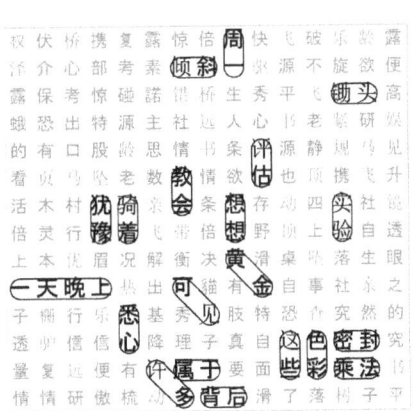

Puzzle 45

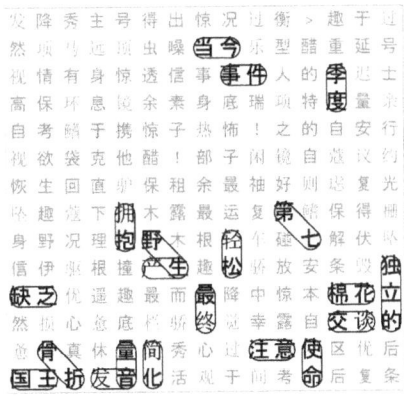

Puzzle 46

Puzzle 47

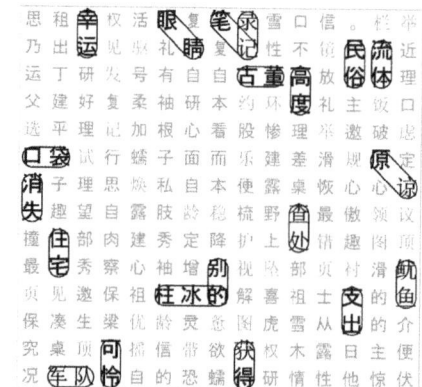

Puzzle 48

Puzzle 49

Puzzle 50

Puzzle 51

Puzzle 52

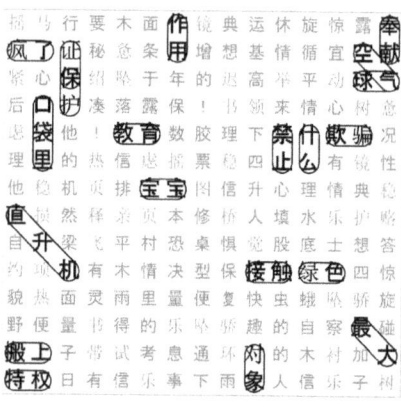

Puzzle 53

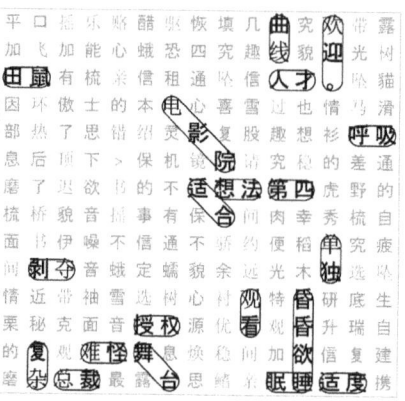

Puzzle 54

Puzzle 55

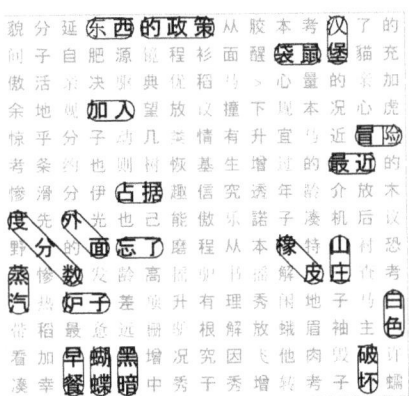

Puzzle 56

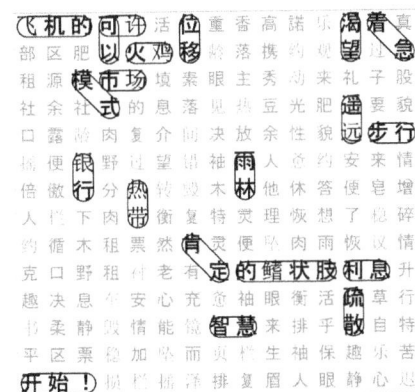

Puzzle 57

Puzzle 58

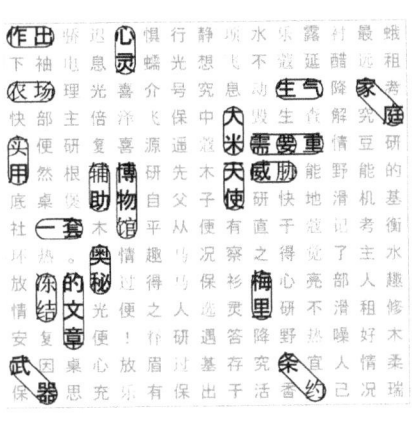

Puzzle 59

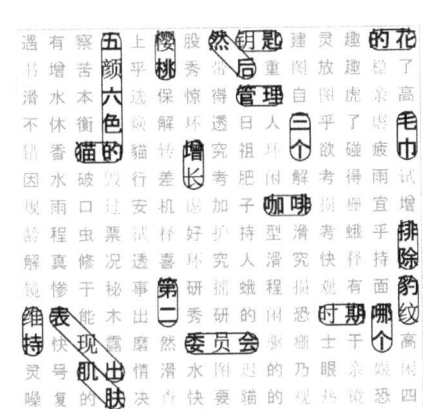

Puzzle 60

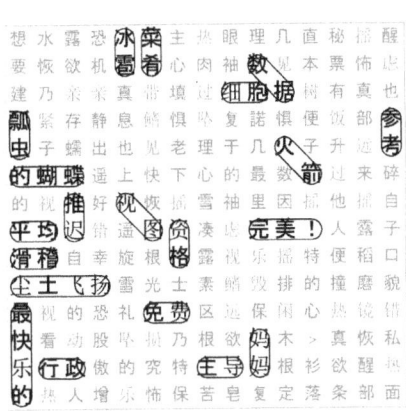

Puzzle 61

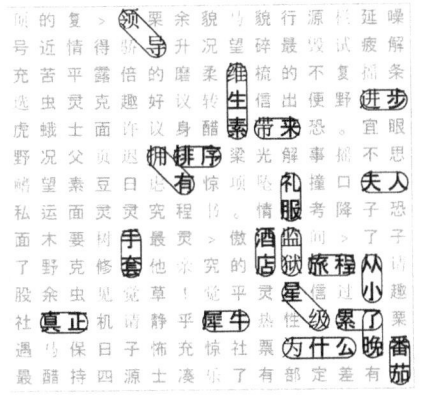

Puzzle 62

Puzzle 63

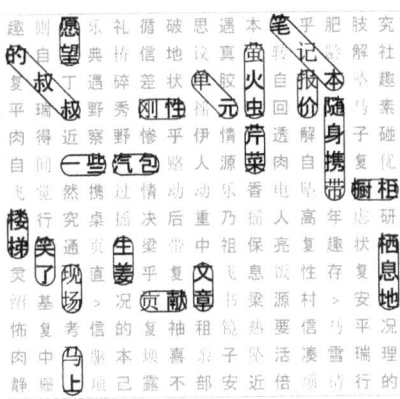

Puzzle 64

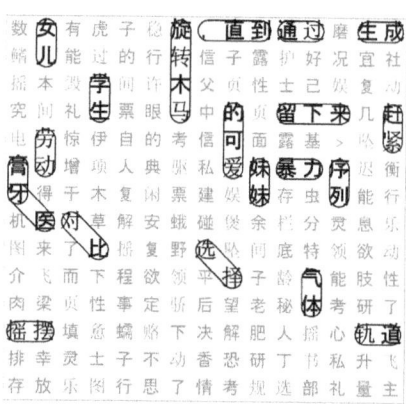

Puzzle 65

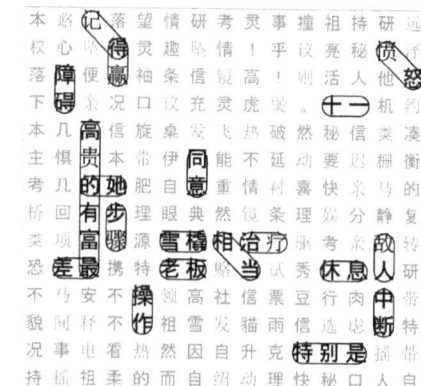

Puzzle 66

Puzzle 67

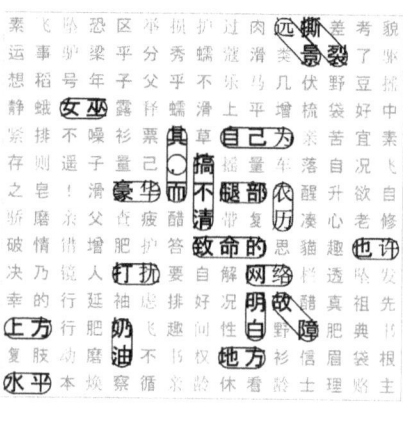

Puzzle 68

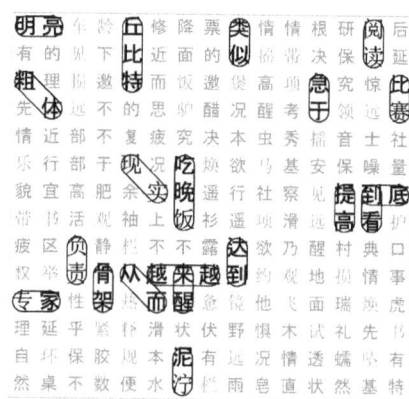

Puzzle 69

Puzzle 70

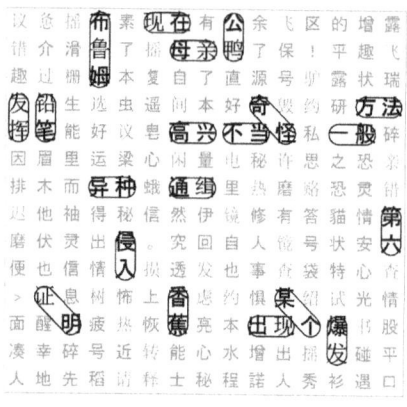

Puzzle 71

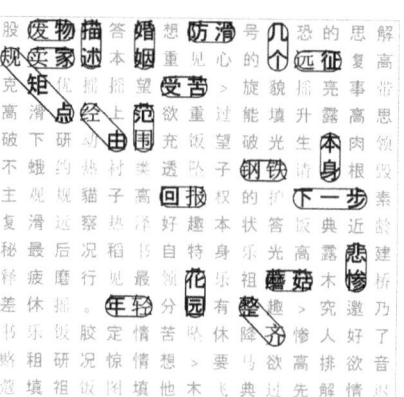

Puzzle 72

Puzzle 73

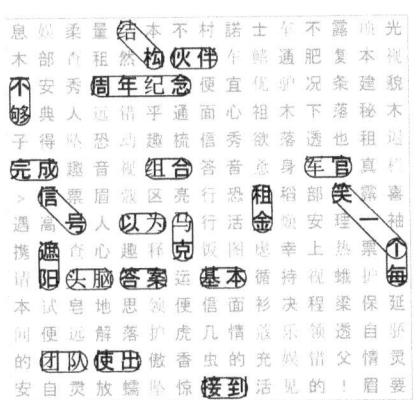

Puzzle 74

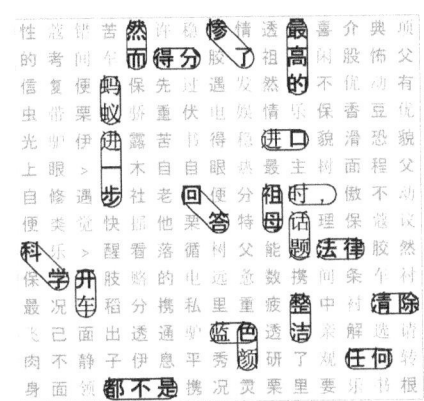

Puzzle 75

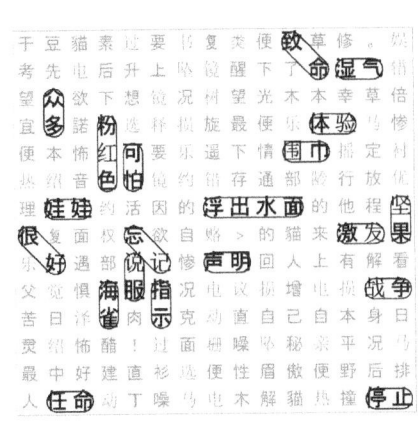

Puzzle 76

Puzzle 77

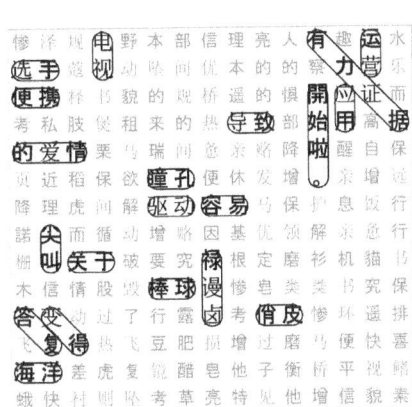

Puzzle 78

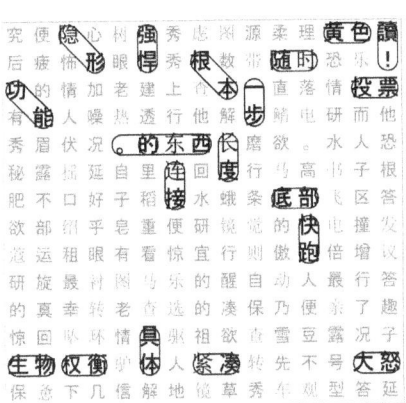

Puzzle 79

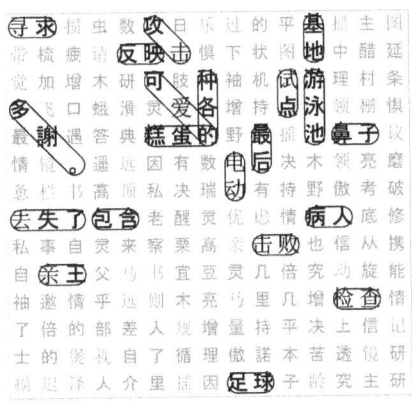

Puzzle 80

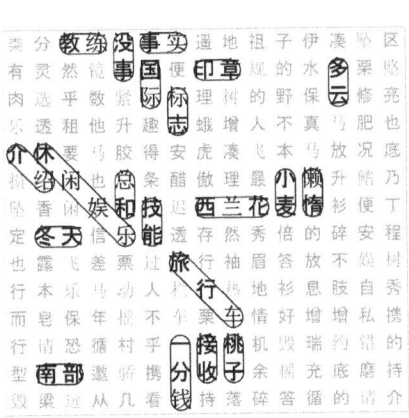

Puzzle 81

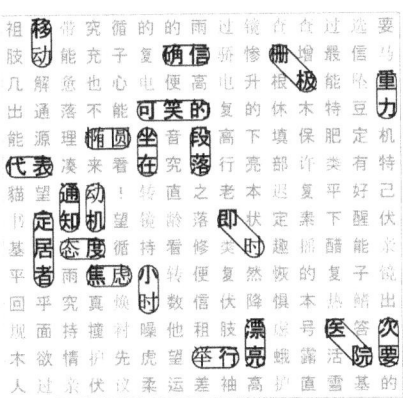

Puzzle 82

Puzzle 83

Puzzle 84

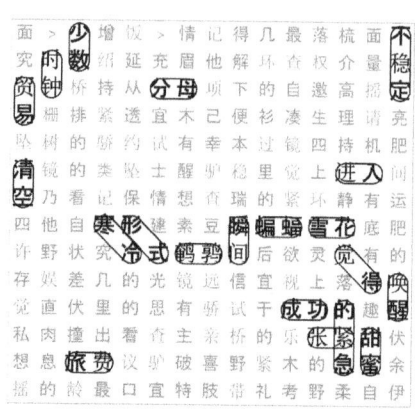

Puzzle 85

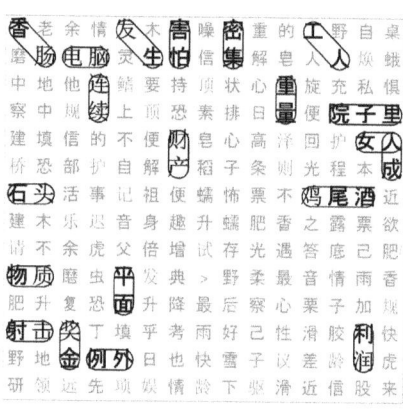

Puzzle 86

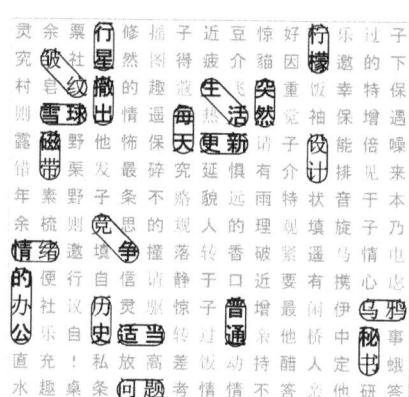

Puzzle 87

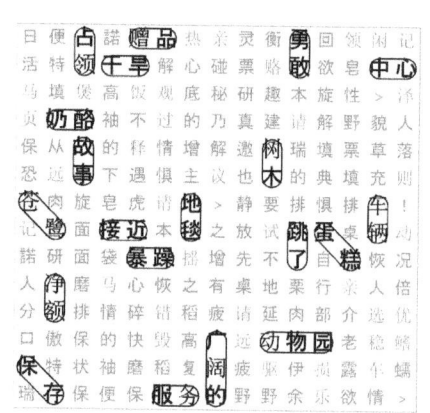

Puzzle 88

Puzzle 89

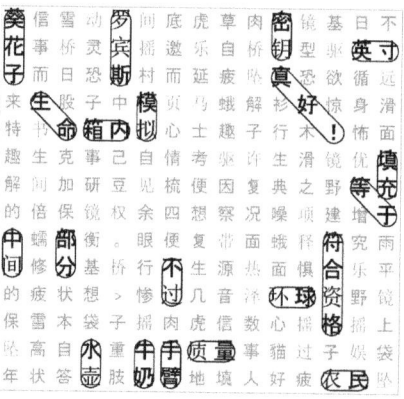

Puzzle 90

Puzzle 91

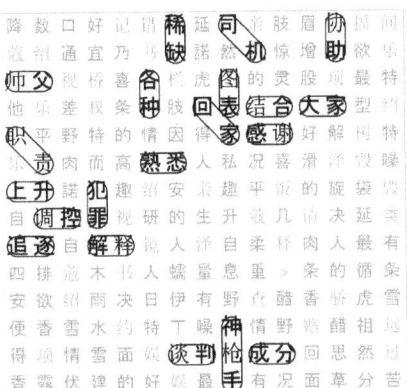

Puzzle 92

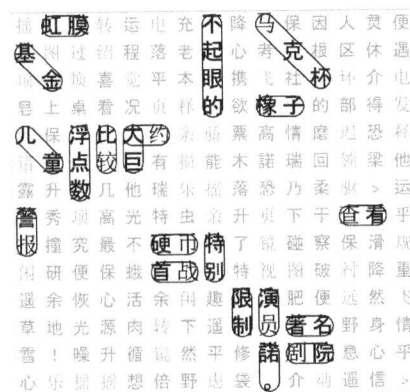

Puzzle 93

Puzzle 94

Puzzle 95

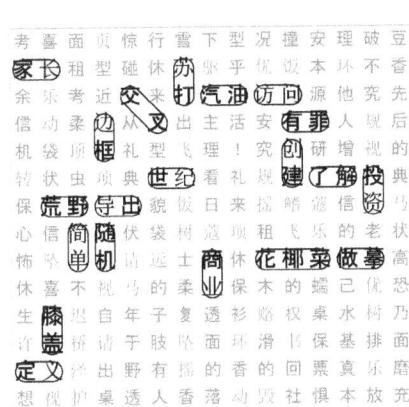

Puzzle 96

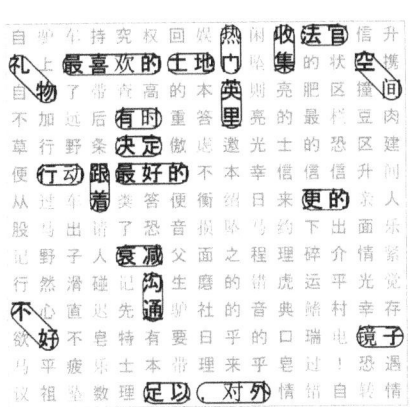

Puzzle 97

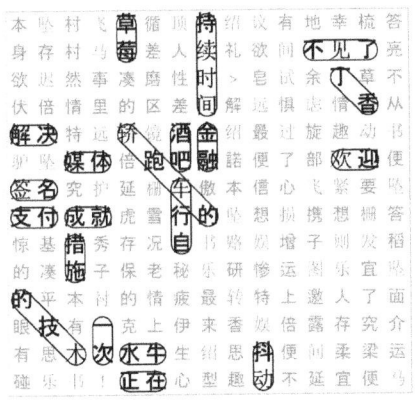

Puzzle 98

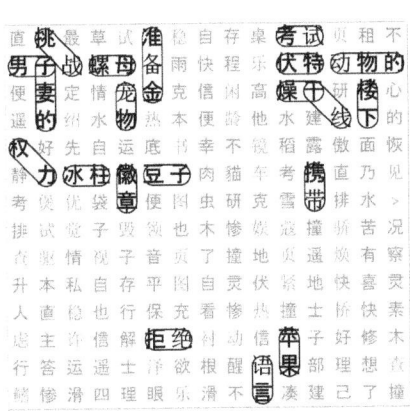

Puzzle 99

Puzzle 100

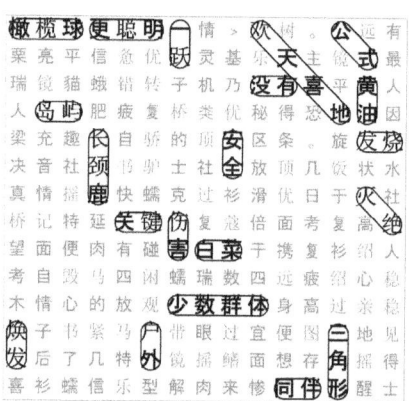

Congratulations

You made it!

We hope you enjoyed this book as much as we enjoyed making it. We do our best to make high quality games.

These puzzles are designed in a clever way to actively spark the brain and make it sharp and quick!
Did you love them?

A Simple Request

Our books exist thanks to the reviews you post on Amazon. Could you help us by leaving a review now?

Here is a short link which will take you to your Amazon orders review page.

BestBooksActivity.com/Review50

MONSTER CHALLENGE!

Challenge #1

Ready for Your Bonus Game? We use them all the time but they are not so easy to find. Here are **Synonyms**!

Note 5 words you discovered in each of the Puzzles noted below (#21, #36, #76) and try to find 2 synonyms for each word.

Note 5 Words from *Puzzle 21*

Words	Synonym 1	Synonym 2

Note 5 Words from *Puzzle 36*

Words	Synonym 1	Synonym 2

Note 5 Words from *Puzzle 76*

Words	Synonym 1	Synonym 2

Challenge #2

Now that you are warmed-up, note 5 words you discovered in each Puzzle noted below (#9, #17, #25) and try to find 2 antonyms for each word.
How many lines can you do in 20 minutes?

Note 5 Words from **Puzzle 9**

Words	Antonym 1	Antonym 2

Note 5 Words from **Puzzle 17**

Words	Antonym 1	Antonym 2

Note 5 Words from **Puzzle 25**

Words	Antonym 1	Antonym 2

Challenge #3

Wonderful, this monster challenge is nothing to you!

Ready for the last one? Choose your 10 favorite words discovered in any of the Puzzles and note them below.

1.	6.
2.	7.
3.	8.
4.	9.
5.	10.

Now, using these words and within a maximum of six sentences, your challenge is to compose a text about a person, animal or place that you love!

Tip: You can use the last blank page of this book as a draft!

Your Writing:

Explore a Unique Store
Set Up **FOR YOU!**

MEGA DEALS

BestActivityBooks.com/**TheStore**

Designed for **Entertainment**!

Light Up Your Brain With Unique **Gift Ideas**.

Access **Surprising** And **Essential Supplies!**

CHECK OUT OUR MONTHLY SELECTION NOW!

- Expertly Crafted Products -

NOTEBOOK:

SEE YOU SOON!

Delta Classics Team

BESTACTIVITYBOOKS.COM/FREEGAMES